# 特惠游日本

特**惠**游 · 特**慧**游 · 特**会**游

GOOD TIME 编辑部　编著

文化发展出版社

图书在版编目（CIP）数据

日本特惠游：特惠游+特慧游+特会游 / GOOD TIME 编辑部编著. — 北京：文化发展出版社有限公司，2017.7
ISBN 978-7-5142-1832-9

Ⅰ.①日… Ⅱ.①G… Ⅲ.①旅游指南－日本 Ⅳ.①K931.39

中国版本图书馆CIP数据核字(2017)第133597号

日本特惠游：特惠游＋特慧游＋特会游

编　　著：GOOD TIME编辑部

责任编辑：张宇华　李　毅	责任校对：岳智勇
责任印制：孙晶莹	责任设计：侯　铮

出版发行：文化发展出版社（北京市翠微路2号 邮编：100036）
网　　址：www.wenhuafazhan.com
印　　刷：三河市庆怀印装有限公司

开　　本：889mm×1194mm　1/32
字　　数：204千字
印　　张：8
印　　次：2017年7月第1版　2017年8月第2次印刷
定　　价：39.80元
ＩＳＢＮ：978-7-5142-1832-9

◆ 如发现任何质量问题请与我社发行部联系。
　发行部电话：010-88275710

目录
Contents

Chapter 1
出发前必做的功课　　　　　　　　　　　　　　009

1. 日本的消费现状：收入状况、汇率 …………………… 010
2. 日本各地饮食偏好有哪些 ……………………………… 011
3. 日本的天气状况如何 …………………………………… 013
4. 日本有哪些民俗 ………………………………………… 015
5. 日本的热门旅游区域 …………………………………… 018
6. 中国驻日本使领馆分布及联系方式 …………………… 021
7. 如何在日本打电话 ……………………………………… 021
8. 怎么在日本上网 ………………………………………… 022
9. 日本常用词汇 …………………………………………… 023

Chapter 2
特惠游：准备出发　　　　　　　　　　　　　　025

1. 如何办理签证 …………………………………………… 026
2. 打折机票如何购买 ……………………………………… 028
3. 便宜酒店如何预订 ……………………………………… 029
4. 随身必带物品清单 ……………………………………… 029

目录 Contents

Chapter 3 4天特惠游完美指南　　031

1 DAY1-DAY4 特惠游冲绳　　032
1.1 从机场如何到达冲绳市区　　033
1.2 冲绳本岛交通　　035
1.3 冲绳特惠酒店　　037
1.4 如何在冲绳挑选当地美食　　039
1.5 如何在冲绳购买特惠商品 SHOPPING 指南　　041
1.6 4天游冲绳必去的特惠景区　　043
国际通、斋场御岳、首里城公园、冲绳世界文化王国・玉泉洞、万座毛、琉球村、海洋博公园、久米岛、石垣岛

Chapter 4 6天特惠游完美指南　　051

1 DAY1-DAY2 特惠游东京　　052
1.1 从机场如何到达东京市区　　053
1.2 东京区内交通　　060
1.3 东京特惠酒店　　067
1.4 如何在东京挑选当地美食　　068
1.5 如何在东京购买特惠商品 SHOPPING 指南　　078
1.6 2天游东京必去的特惠景区　　082
东京车站丸之内口驿站、皇居、银座歌舞伎座、三菱一号馆美术馆、谷根千、阿美横丁、上野恩赐公园、东京铁塔、台场海滨公园、六本木、新宿歌舞伎町、东京晴空塔城、表参道・青山、涩谷、筑地市场、浅草寺

2 DAY3-DAY5 特惠游京都　　094
2.1 如何特惠从东京到京都　　095
2.2 到达京都的交通方式　　095
2.3 京都区内交通　　098
2.4 京都特惠酒店　　103

目录 Contents

2.5 如何在京都挑选当地美食 ········· 106
2.6 如何在京都购买特惠商品 SHOPPING 指南 ········· 108
2.7 3 天游京都必去的特惠景区 ········· 112

清水寺、三年坂、地主神社、祇园、圆山公园、安井金比罗宫、白川乡、平安神宫、南禅寺、银阁寺、真如堂、四条河原町、西本愿寺、东本愿寺、东寺、三十三间堂、二条城、京都御所、北野天满宫、平野神社、金阁寺、龙安寺、仁和寺、野宫神社、常寂光寺、清凉寺、大觉寺、上贺茂神社、伏见稻荷大社、醍醐寺、东福寺、宇治上神社、平等院、三室户寺、黄檗山万福寺、宇治市源氏物语博物馆、福寿园宇治工房、中村藤吉本店、伏见桃山城、月桂冠大仓纪念馆、寺田屋、御香宫神社、鞍马寺、贵船神社、高山寺、神护寺、三千院、寂光院、天桥立、延历寺

3 DAY6 特惠游奈良 ········· 148

3.1 如何特惠从京都到奈良 ········· 149
3.2 到达奈良的交通方式 ········· 149
3.3 奈良区内交通 ········· 149
3.4 奈良特惠酒店 ········· 149
3.5 如何在奈良挑选当地美食 ········· 150
3.6 如何在奈良购买特惠商品 SHOPPING 指南 ········· 150
3.7 1 天游奈良必去的特惠景区 ········· 151

奈良公园、猿泽池、奈良博物馆、正仓院展、奈良市写真美术馆、兴福寺、东大寺、春日大社、元兴寺、奈良町格子之家、唐招提寺、药师寺、法隆寺、中宫寺、飞鸟寺、法起寺、石舞台古坟、万叶文化馆、吉水神社、金峰山寺

Chapter 5
7 天特惠游完美指南 167

1 DAY1-DAY2 特惠游东京 ········· 168

1.1 从机场如何到达东京市区 ········· 169
1.2 东京区内交通 ········· 169
1.3 东京特惠酒店 ········· 169
1.4 如何在东京挑选当地美食 ········· 169
1.5 如何在东京购买特惠商品 SHOPPING 指南 ········· 169
1.6 2 天游东京必去的特惠景区 ········· 169

目录 Contents

2 DAY3-DAY4 特惠游札幌 ······ 170
2.1 如何特惠从东京到札幌 ······ 171
2.2 到达札幌的交通方式 ······ 171
2.3 札幌区内交通 ······ 173
2.4 札幌特惠酒店 ······ 177
2.5 如何在札幌挑选当地美食 ······ 179
2.6 如何在札幌购买特惠商品 SHOPPING 指南 ······ 182
2.7 2天游札幌必去的特惠景区 ······ 184

北海道大学、清华亭、北海道厅旧本厅舍、时计台、大通公园、札幌电视塔、知事公馆、三岸好太郎美术馆、丰平馆、中岛公园、圆山公园、圆山动物园、北海道神宫、大仓山JUMP竞技场、札幌巨蛋、白色恋人公园、定山溪温泉、丰平峡、HANAZONO RESORT、羊蹄山、神仙沼、支笏湖、洞爷湖、洞爷湖温泉

3 DAY5 特惠游小樽 ······ 202
3.1 如何特惠从札幌到小樽 ······ 203
3.2 到达小樽的交通方式 ······ 204
3.3 小樽区内交通 ······ 204
3.4 小樽特惠酒店 ······ 205
3.5 如何在小樽挑选当地美食 ······ 207
3.6 如何在小樽购买特惠商品 SHOPPING 指南 ······ 209
3.7 1天游小樽必去的特惠景区 ······ 211

天狗山、小樽运河、运河广场、小樽运河仓库群、日银金融资料馆（旧日本银行小樽支店）

4 DAY6-DAY7 特惠游函馆 ······ 216
4.1 如何特惠从小樽到函馆 ······ 217
4.2 到达函馆的交通方式 ······ 217
4.3 函馆区内交通 ······ 218
4.4 函馆特惠酒店 ······ 218
4.5 如何在函馆挑选当地美食 ······ 220
4.6 如何在函馆购买特惠商品 SHOPPING 指南 ······ 223
4.7 2天游函馆必去的特惠景区 ······ 224

函馆朝市、金森仓库群、函馆山夜景、哈利斯特斯正教会、旧函馆区公会堂、高龙寺、五棱郭公园、特拉皮斯丁修道院、大沼·小沼·莼菜沼、流山温泉

Chapter 6
7天特惠游完美指南

233

1 DAY1-DAY2 特惠游东京 — 234
1.1 从机场如何到达东京市区 — 235
1.2 东京区内交通 — 235
1.3 东京特惠酒店 — 235
1.4 如何在东京挑选当地美食 — 235
1.5 如何在东京购买特惠商品 SHOPPING 指南 — 235
1.6 2天游东京必去的特惠景区 — 235

2 DAY3-DAY5 特惠游京都 — 236
2.1 如何特惠从东京到京都 — 237
2.2 到达京都的交通方式 — 237
2.3 京都区内交通 — 237
2.4 京都特惠酒店 — 237
2.5 如何在京都挑选当地美食 — 237
2.6 如何在京都购买特惠商品 SHOPPING 指南 — 237
2.7 3天游京都必去的特惠景区 — 237

3 DAY6 特惠游奈良 — 238
3.1 如何特惠从京都到奈良 — 239
3.2 到达奈良的交通方式 — 239
3.3 京都区内交通 — 239
3.4 奈良特惠酒店 — 239
3.5 如何在奈良挑选当地美食 — 239
3.6 如何在奈良购买特惠商品 SHOPPING 指南 — 239
3.7 1天游奈良必去的特惠景区 — 239

目录 Contents

4 DAY6-DAY7 特惠游九州 ········· 240
- 4.1 如何特惠从京都到福冈 ········· 241
- 4.2 到达福冈的交通方式 ········· 241
- 4.3 福冈区内交通 ········· 244
- 4.4 福冈特惠酒店 ········· 247
- 4.5 如何在福冈挑选当地美食 ········· 248
- 4.6 如何在福冈购买特惠商品 SHOPPING 指南 ········· 250
- 4.7 2 天游九州必去的特惠景区 ········· 252

福冈、太宰府、柳川、门司港、嬉野温泉、别府地狱巡礼、汤布院温泉、熊本城、樱岛、阿苏、高千穗

Chapter 1
出发前必做的功课

1. 日本的消费现状：收入状况、汇率 `P010`
2. 日本各地饮食偏好有哪些 `P011`
3. 日本的天气状况如何 `P013`
4. 日本有哪些民俗 `P015`
5. 日本的热门旅游区域 `P018`
6. 中国驻日本使领馆分布及联系方式 `P021`
7. 如何在日本打电话 `P021`
8. 怎么在日本上网 `P022`
9. 日本常用词汇 `P023`

1 日本的消费现状：收入状况、汇率

日本的经济高度发达，2014年，人均国内生产总值39731美元，居世界第17位。2016年，人均收入442万日元。

1日元=0.0605元人民币（2017年5月11日）

● 日本货币

日元，日文为"円"，罗马拼音"en"，货币符号"¥"，是日本自1871年制定的官方货币。以下介绍10种面额的纸币及硬币。（硬币依直径大小排列）

◎纸币—10000日元

日本最大面额纸币。正面为福泽谕吉，背面为京都平等院的凤凰。

◎纸币—5000日元

以日本明治初期重要的女性小说家樋口一叶为正面，背面为江户时代著名画家尾形光琳所绘的燕子花图，体现了日本文学及艺术之美。

◎纸币—2000日元

正面绘上冲绳县首里城守礼门，以源氏物语绘卷第38帖"铃虫"的紫式部、光源氏、冷泉院为背面，充满历史与文化气息。

◎纸币—1000日元

面额最小的纸币，正面为日本战前细菌学家野口英世，背面则为富士山及樱花。

◎硬币—500日元

直径最大最好认，正面为泡桐图样，背面的500字样也十分明显。

◎硬币—100日元

银色，比500稍小些，正面为樱花。

◎硬币—10日元

10日元和5日元的直径都比50日元大；10日元正面为平等院的凤凰，复古的古铜色，十分好认。

◎硬币—5日元

直径比50日元大的金色5日元，正面小洞处为齿轮形状，设计别致。

◎硬币—50日元

只要中央有个小洞，不是50日元就是5日元。银色的50日元，正面为菊花。

◎硬币—1日元

日本货币中最小的面额，也是直径最小的硬币。小小的银色1日元，正面为小树苗，让人联想到发芽茁壮之意。

2 日本各地饮食偏好有哪些

●中国四国
◎**濑户内海料理**：当日渔货加上地方做法的鲜甜海味。
◎**河豚料理**：山口县沿海产河豚，冬季最鲜甜，不论生鱼片、油炸、火锅皆可。
◎**鲸鱼料理**：山口县下关自古为捕鲸港口，现在仍有生鱼片、鲸鱼排等可一尝。
◎**赞岐乌龙面**：此地小麦、盐和酱油均为极品，能品味面条香气和绝佳口感。
◎**高知鲣鱼烧**：将鲣鱼燻焦表面以快刀切片，外熟内生，口感鲜甜。
◎**爱媛鲷鱼**：鲷鱼产地，整只蒸饭、鲷鱼素面或生鱼片盖饭均为代表做法。

●九州
◎**黑豚料理**：鹿儿岛黑猪油花均匀、口感极佳，以清涮方式最能感受原味鲜甜。
◎**熊本马肉**：熊本特有。肉质带嚼劲而略酸，搭配姜丝或洋葱的生鱼片最常见。
◎**博多拉面**：豚骨拉面的代表，白浊汤头香气浓郁，喝来却清爽无比。

●中部
◎**飞驒牛**：油质细腻，肉香滑嫩，烧烤、可乐饼、铁板烧均美味。
◎**雉鸡锅**：三重稀有的山产雉鸡肉质清淡，以火锅吃法最受欢迎。
◎**伊势龙虾**：三重县和歌山县产量最丰，产季为10月至次年4月。

● 北海道
◎ **汤咖哩**：鸡腿蔬菜为定番口味，汤头独特。
◎ **羊肉—成吉思汗**：日本唯一的烧烤羊肉，搭配白饭就是最简单的美味。
◎ **海鲜**：北国洋流带来丰富海鲜，以鲜美华丽的海鲜丼及三大螃蟹为代表。

● 关西
◎ **京怀石**：日本饮食文化的菁华，风雅细致均备。
◎ **牡丹锅**：丹波地区捕猎的野猪肉火锅。
◎ **汤豆腐**：京都名物。昆布汤头佐以入木棉豆腐、桔皮，口感纯净。

● 东北
◎ **秋田米团**：将米饭包覆木棒上烧烤，可煮火锅或直接涂上味噌品尝。
◎ **宫城牡蛎**：牡蛎硕大鲜甜，牡蛎锅和炸牡蛎最为常见。
◎ **仙台牛舌**：仙台代表美食，定番为烧烤的厚切牛舌。

● 关东
◎ **泥鳅料理**：江户下町的代表饮食，为味增口味火锅。
◎ **汤波料理**：日光僧侣发展而出，汤波即豆乳表面的凝结的腐皮，口感纤细。
◎ **鳗鱼饭**：东京鳗鱼饭历史悠久，先烤后蒸、蘸酱后再烤，滋味香甜，入口即化。

● 冲绳
◎ **苦瓜料理**：甘味苦瓜和岛豆腐、猪肉、鸡蛋等拌炒，代表乡土料理。
◎ **海葡萄**：口感如鲑鱼卵的奇妙海生植物，常做盖饭。
◎ **冲绳面**：清爽酱油高汤、新鲜手工扁面加上卤排骨或三层肉，简单有味。

3 日本的天气状况如何

● 日本四国
◎ **地理**：包括冈山、广岛、鸟取、岛根、山口、德岛、香川、爱媛、高知。山阴地方交通不便，人口集中在山阳地方。地形崎岖多山，交通不便。
◎ **气候**：分日本海侧的山阴和濑户内海侧的山阳。前者阴雨多，冬暴雪；后者温暖少雨。北部的濑户内海沿岸温暖干燥，南部则高温多雨。主要都市之一的爱媛县松山市年均温 16.6℃、8 月平均最高温 30℃、1 月平均最低温 -1℃。

● 九州
◎ **地理**：独立在本州之外的南边大岛，包括福冈、佐贺、长崎、大分、熊本、宫崎、鹿儿岛 7 县。
◎ **气候**：四季温暖多雨，夏季梅雨强、台风多，是日本台风登陆最多的地方。

● 中部
◎ **地理**：位于本州中部，包括爱知、静冈、岐阜、长野、山梨、福井、石川、富山、新潟 9 县。飞騨高山分隔两侧，平原、山地皆多。
◎ **气候**：日本海侧冬暴雪，夏高温，太平洋侧气候与关东类似。

●北海道
◎地理：日本最北部，地广人稀。中央为高山，其余多平原、湿原、湖泊。
◎气候：4、5月春天仍有残雪。7、8月最热，甚至超过30℃。初雪降于11月初，3月开始融雪。

●关西
◎地理：也称近畿地方，包括大阪、京都、兵库、滋贺、奈良、和歌山2府4县，是西日本区域的精华地带。
◎气候：整体来说温暖宜人，平地冬天偶有降雪，濑户内海沿岸少雨。

●东北
◎地理：位于本州北部，包括青森、岩手、宫城、福岛、秋田和山形6县。山多平原少，多火山，因此温泉遍布。
◎气候：气候分为两种类型，日本海侧冬暴雪，夏高温；太平洋侧夏凉且冬季雨雪不多。

●关东
◎地理：日本核心地带，人口密度是日本平均值的3倍。包括东京都、神奈川、千叶、埼玉、茨城、栃木、群马1都6县。
◎气候：属太平洋侧气候，6月梅雨季，夏季台风多，冬季降雪少。

●冲绳
◎地理：由冲绳群岛、宫古群岛、八重山群岛等160多个岛组成，其中48个为有人岛。
◎气候：气候与中国台湾接近，属亚热带气候，相当温暖。

4 日本有哪些民俗

● 宫岛水中花火大会
广岛县宫岛 **8月14日**

巨大美丽的烟火使宫岛著名的大鸟居，瞬间成为小小的剪影。1小时的烟火，有历史故事、卡通人物等主题，丰富华丽，闪耀夏日夜空。

● 高山祭
岐阜县 **4月14日—15日、10月9日—10日** **www.hida.jp/matsuri**

春日时分日枝神社的山王祭和秋天樱山八幡宫的八幡祭合称为高山祭。高山祭的焦点在美轮美奂的传统山车上，代代相传的工艺在此得到完美呈现。

● 博德祇园山笠祭
福冈县 **7月1日—15日**

"山笠"是一种装饰成人形的花车，结合博德的精湛工艺，分为饰山和抬山。前者在市内13处固定展出，后者则为追山用山笠，由男子们以肩托着在街上赛跑。

● 德岛阿波舞
● 德岛县 ● 8月12日—15日
● www.city.tokushima.tokushima.jp

德岛阿波舞因为歌曲有趣、气氛随性而闻名全国。祭典中男子扮相与动作像极了小偷，活泼逗趣；女子则头戴折边草帽，优雅妩媚。舞蹈节奏欢快，观众也会一同群起而舞。

● 祇园祭
● 京都市八坂神社 ● 7月1日—29日

祇园祭与葵祭、时代祭并称"京都三大祭"，最早始于9世纪。祭典持续长达1个月，重头戏则是7月17日的山鉾巡行，高达数十米的笨重山鉾绕行街区，气氛热闹欢腾。

● 天神祭
● 大阪市天满宫 ● 7月24日—25日

天神祭最具有看点的是"陆渡御"及"船渡御"。3000名身着奈良平安时代宫廷装束的民众先抬神轿进行陆上祭典行列游行，再乘100艘船逆流而上，是世界最大规模的水上庆典。

● 札幌雪祭
🏠 札幌市 🕐 2月第二周，为期7天

雪祭主会场大通公园位于市中心，会场宛如一座白雪博物馆，横跨公园的巨型雪雕豪阔美丽，在夜晚灯光投射下分外夺目。

● 神田祭
🏠 东京都 🕐 距5月15日最近的周六、日 🌐 www.kandamyoujin.or.jp

这是古时巡游队伍受将军保护进入江户城的再现。周六的巡游队伍尤其壮观，行列有装饰豪华的神轿、花车及乘马神官、太鼓演奏表演等。

● 冲绳全岛EISA祭
🏠 冲绳县 🕐 8月下旬至9月上旬

这是冲绳祭祀祖灵的夏日祭典。众人背起太鼓，在各地的大街小巷唱跳表演，加上街上热情洋溢的观众，场面壮观而热力四射，是冲绳最有代表性的祭典之一。

5 日本的热门旅游区域

●东京

东京,日本的首都,兼具绚丽繁华和传统内敛的城市,既有《东京爱情故事》中的铃木保奈美,又有《昼颜》中的上户彩;既有国际顶级时尚汇聚地的东京站、涩谷、银座、表参道商业街,也有静谧淡雅的浅草、月岛。这是一座迷人且疯狂的城市,不经意间的一转角、一回眸,就是日剧中的经典场景。东京春时樱花纷飞,夏夜星辰当空,秋季秋风银杏,冬日白雪素裹,何时来都不会失望。

●九州

古称"筑紫岛""筑紫洲"的九州岛,依地理位置又可分为北九州岛及南九州岛,前者包含福冈、佐贺、长崎、熊本、大分,后者则指宫崎与鹿儿岛。比起东京的流行或是京都的古都风情,九州岛融合了福冈的现代化、佐贺的精美工艺、长崎的异国风情、熊本的热情、大分的温泉悠闲、宫崎的自然绝景与鹿儿岛的人文,呈现出多样性的面貌,让人不禁想要一窥其魅力所在。

● 京都

　　京都位于日本西部，是一座内陆城市。这座千年古都和我国古代的长安城有着千丝万缕的联系，城内建筑大多是模仿中国唐宋时期的图样所建的。公元8世纪末，日本天皇把皇宫迁至如今的京都市后，这里便成为当时天皇和贵族们居住的地方。直到明治维新后，天皇虽然迁至东京居住，但依然将御所保留在这里。长时期的历史积淀，使得京都拥有丰富的历史遗迹，如寺庙、宫殿等，其中大部分为木制建筑，但经过数次战争后，真正留下来的已经很少，目前的建筑多为江户时代翻修而成。

● 北海道

　　四季流转在日本极北的岛屿——北海道，演出了漂亮的花田、纯白的雪原、大雪山的枫红遍野，也演出了一幅欧洲般的美丽田园风光。于是很多人说：北海道是值得重游的地方。这一次，也许你待在玻璃与运河之城小樽，感受光阴无声地流逝；下一趟，你去了美瑛，透过民宿的落地窗看到大片黄澄澄的麦田，待到日影西斜、夜幕降临，爬上丘之町。或许，你在札幌追寻最新的流行元素，在一碗纯正香浓的味噌拉面里感受到类似爱情的温暖；又或许，你在湿原小火车沿途与丹顶鹤相遇，在已成为世界遗产的知床看到棕熊在沿岸徘徊捕鱼……

● 冲绳

冲绳位于日本九州岛和中国台湾省之间，拥有独特的自然环境，主要分为冲绳本岛附近的冲绳群岛、宫古岛附近的宫古列岛和石垣岛附近的八重山列岛3个岛屿群。冲绳拥有浓重的热带海岛风情——蓝宝石光芒的海洋、白沙滩、美丽的珊瑚礁、各种亚热带植物和亚热带风光。冲绳自第二次世界大战后由美国管辖以来，便深受美国文化的影响，当地融合了海岛和美式文化的元素，被称为"日本的夏威夷"。同时，冲绳还是潜水观光的绝佳地，这里海水清透、水下世界奇幻斑斓，都将带给你震撼的视觉效果。

6 中国驻日本使领馆分布及联系方式

🏠 东京都港区元麻布 3-4-33 ☎ 03-34033380 🌐 http://www.fmprc.gov.cn/ce/cejp/chn/

7 如何在日本打电话

从日本打回国内，需在拨打 +86 加上电话号码（去掉第一个 0）即可。如果打日本电话则直接打，例如手机的话就是直接拨 090-××××-××××。

日本现在可以投币的公用电话较少，必须先在便利商店或自动售卡机购买国际电话卡。拨号方式为：电话公司号码（依各公司规定而异）+ 010（国际冠码，可能有变动）+ 86，再加上去掉第一个 0 的电话号码即可。

21

8 怎么在日本上网

在使用 Google Map、交通 APP、美食 APP、社群网络临时查询店家信息时都需要连接网络，现介绍 4 种上网的方法：Wi-Fi 分享机、上网 SIM 卡、公众 Wi-Fi 与国际漫游，可以根据自己的需求做出选择。

建议出发前在国内租借 Wi-Fi 分享机，这应该可以算是在日本最方便的上网方式。由于一台分享机可同时让 10 台行动装置上网，因此一群朋友共同分享十分划算。国内机场等地可直接取机器，非常方便。日本 4G 上网速度快，在城市中一般通信都不会太差，而随着机种更新，现在有电力持久，且可当随身电源、在饭店将有线网络转为无线使用的机器，但要注意上网总流量会有限制。

● 免费公众 Wi-Fi

业者	热点	费用	网址
Starbucks Wi2	全日本的星巴克	免费申请账号密码，不限时数使用	starbucks.wi2.co.jp
7 SPOT	全日本的 7-11 店铺、SOGO、西武百货等	免费申请账号密码，一日可连三次，每次 60 分钟	webapp.7spot.jp
Famima Wi-Fi	全日本的全家便利商店可使用	免费申请账号密码，一日可连三次，每次 20 分钟	www.family.co.jp/services/famimawi-fi
LAWSON Wi-Fi	全日本的 LAWSON 便利商店可使用	免费。需先申请 Ponta 会员（在 LAWSON 便利商店可申请），再下载相关 APP 即可使用	www.lawson.co.jp/ponta/static/wi-fi
FREESPOT	全日本约 9000 处	免费。有的饭店提供的 FREESPOT 为住宿旅客专用	www.freespot.com
NTT EAST 免费 Wi-Fi 网卡	东京、东北、北海道等地上万个热点	持国外护照，就可以在 NTT 各据点索取免费的 Wi-Fi 网卡，注册后可免费使用 14 天	fets.com/freewi-fi/tw

9 日本常用词汇

● **常见地名**

汉语	日语
东京	とうきょう
新宿	しんじゅく
池袋	いけぶくろ
上野	うえの
银座	ぎんざ
六本木	ろっぽんぎ
大阪	おおさか
梅田	うめだ
心斋桥	しんさいばし
难波	なんば
京都	きょうと
河原町	かわらまち
岚山	あらしやま
金阁寺	きんかくじ
银阁寺	ぎんかくじ
祇园	ぎおん
清水寺	きよみずでら
宇治	うじ

● **住宿类型**

汉语	日语
饭店	ホテル
商务旅馆	ビジネスホテル
民宿	ペンション / 民宿 / ロッジ
小双人房	セミダブルルーム
双人房	ツインルーム
标准双人房	ダブルルーム
三人房	トリプルルーム
日式房间	和室（わしつ）
住宿	宿泊プラン
取消	キャンセル
入住	チェックイン
退房	チェックアウト

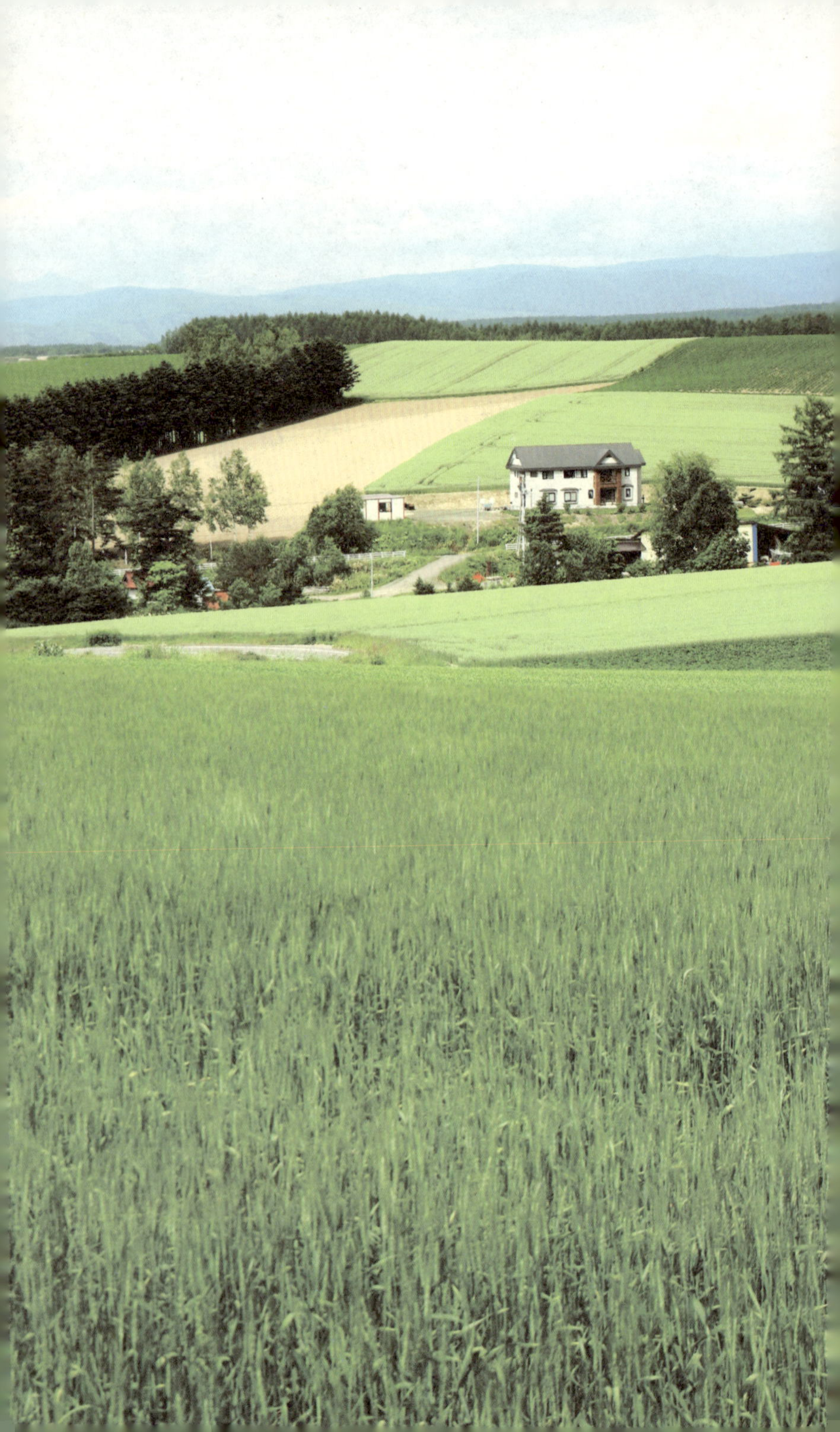

Chapter 2
特惠游：准备出发

1. 如何办理签证 P026
2. 打折机票如何购买 P028
3. 便宜酒店如何预订 P029
4. 随身必带物品清单 P029

1 如何办理签证

●**注：以下资料为申请单次日本旅游签证所需资料。**

◎ 所有申请者的必须材料

资料名	要求／规格	份数
签证申请表	电子表	1份
彩色证件照	4.5×4.5cm、白底彩色近照	2张
个人因私护照（有效期半年以上）		
本人身份证 复印件	A4纸	1份
全家户口本 复印件	A4纸	1份
机票行程单	原件打印版	1份
酒店预订单	全程，原件打印版	1份

◎ 在职申请者需提供的材料（必须）

资料名	要求／规格	份数
在职证明	原件，需写清"职位""入职期限"和"年收入"	1份
单位营业执照副本 事业单位组织机构代码证	复印件，需加盖单位公章	1份
完税证明	年收入10万元以上	1份
工资账户银行流水	6个月，银行出具，原件 显示工资字样并体现年收入超过10万元	1份

◎ 退休\在校\儿童需提供的材料（必须）

资料名	要求／规格	份数
退休者		
退休证	复印件	1份
在校者		
学生证／在校证明	复印件	1份
儿童		
出生证明	复印件	1份

◇ **辅助资产证明**：辅助资产证明适用于全部申请者，原则上不做强制要求，但是能提供得越多越好。

资料名	要求/规格	份数
12个月银行流水账单	原件，银行出具，尽量是工资账户	1份
房产本/购房发票	复印件	1份
行车本	复印件	1份
基金理财资信证明	原件，银行出具	1份
存款证明	5万元以上，无须冻结	1份
其他资产证明		

● **签证类型**

类型	单次	三年多次往返	五年多次往返
单次停留时间	15日	30日	90日
费用/次	350元	1000元	1700元
申请条件	年收入10万元以上	年收入10~20万元	年收入50万元

2 打折机票如何购买

买机票可以通过旅游网站、订票网站和航空公司。很多旅游网站都会在"五一"、"十一"、寒暑假等时候进行促销,价格便宜。一般提前 3 个月甚至半年预订比较好,但如果购买后要改签或退票,必须付出一大笔钱,有时加起来总额可能比传统航空票价还贵。可以密切注意航空公司的促销活动,关注相关网站、微博等。

春秋航空目前有从天津、上海等地飞往日本等地的航班,价格便宜。

春秋航空
🌐 https://www.ch.com
海南航空
🌐 www.hnair.com
深圳航空
🌐 www.shenzhenair.com

3 便宜酒店如何预订

日本的住宿设施非常完善，除了星级酒店、商务旅馆、连锁酒店、青年旅舍之外，充满日本特色的当地民宿、稍微远离市区的温泉旅馆或是乡间民宿也都是十分不错的选择。

乐天TRAVEL
是日本最大的在线订房系统，拥有日本全国10000多家大小饭店、旅馆与商务饭店的信息。但必须注册为乐天会员（或原旅之窗口会员）后才能直接利用其网络订房。
www.travel.rakuten.co.jp

日本雅虎
有超过10000家饭店、商务旅馆、和风旅馆、民宿和温泉旅馆的信息。该网站不用登录，可直接在线订房。
www.travel.yahoo.co.jp

JALAN
有日本全国约5000家宾馆、酒店的住宿情报。该网站不用会员登录，可直接在线订房。
www.jalan.net

4 随身必带物品清单

- 护照
- 护照复印件（与护照分开存放）
- 机票或电子机票
- 订房或租车记录（记得预约代码）
- 日文驾照译本和驾照正本
- 国际学生证
- YH卡
- 护照用照片2张
- 信用卡
- 外币现金
- 人民币（进出机场时还是会用到）
- 地图或方便使用的旅游书
- 紧急联络电话（住宿饭店、国外亲友、同行友人、信用卡挂失）
- 换洗衣物（依个人及季节需要）
- 外套（依个人和季节需要）
- 防晒油
- 保湿乳液
- 个人洗漱用品（因为环保理由，现在部分旅馆已不提供一次性牙刷）
- 个人保养品
- 化妆品
- 生理用品
- 雨伞或雨具
- 手机
- 手机充电器
- 相机
- 相机备用电池与充电器
- 塑料袋
- 备用小行李袋
- 常备药（感冒、肠胃、晕车药）
- 个人药品（降血压、心脏用药）
- 隐形眼镜（在日购买需处方签）
- 小说或笔记本（依个人需要）

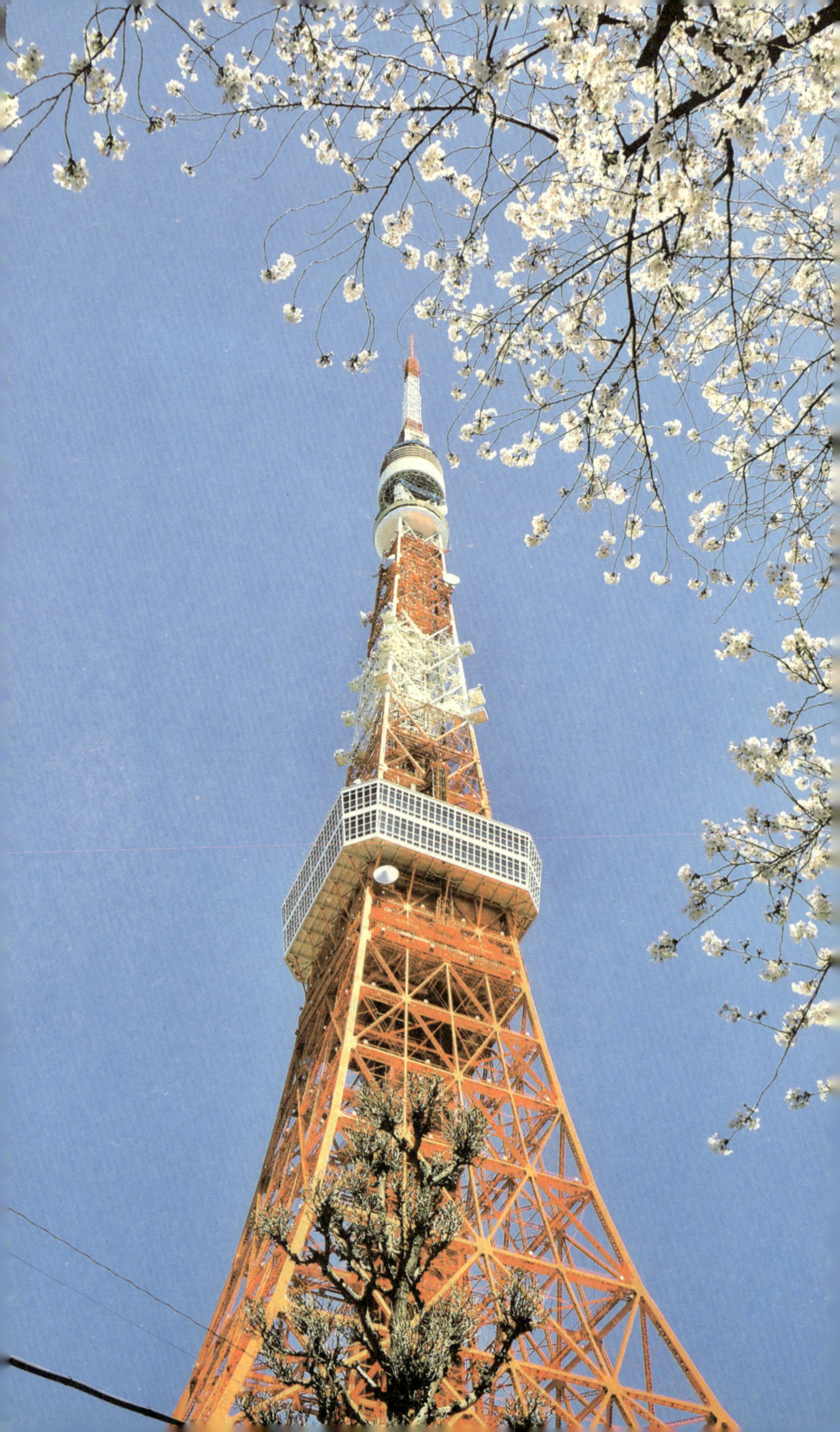

Chapter 3
4天特惠游完美指南

1. DAY1-DAY4 特惠游冲绳　P32

1 特惠游 冲绳

DAY1-DAY4

1.1 从机场如何到达冲绳市区

市区与机场间以单轨电车连接,也可从机场搭乘巴士前往本岛其他各区域。

● 单轨电车

路线	交通方式	时间	价格
那霸机场→县厅前站(国际通西端)、牧志站(国际通东端)	单轨电车	至县厅前站约12分钟、至牧志站约16分钟	至县厅前站大人260日元、小孩130日元;至牧志站成人300日元、小孩150日元
那霸机场→泊港	单轨电车	至美荣桥站约14分钟,再往北步行约10分钟	单轨电车成人300日元、小孩150日元

● 利木津巴士

可从机场直接前往度假饭店,车票可于那霸机场国内线航站楼内1楼入境大厅的空港リムジンバス(空港利木津巴士)询问处购买。由于班次和路线会依季节调整,请务必先向入住饭店进行确认。
098-8693301
okinawabus.com/wp/ls/

● 巴士

国内线巴士乘车处	巴士信息
1号乘车处	卡努佳度假村接驳巴士 国内线↔国际线免费巡回巴士（*注）
2号乘车处	[111] 高速巴士：往那霸巴士总站（旭桥）、中城、冲绳南 IC、宜野座 IC、名护巴士总站等 机场利木津巴士：前往各大主要度假饭店
3号乘车处	[23] 具志川线：往那霸巴士总站（旭桥）、泊高桥、具志川巴士总站等 [26] 宜野湾空港线：往那霸巴士总站（旭桥）、泊高桥、宜野湾营业所等 [99] 天久新都心线：往那霸巴士总站（旭桥）、泊高桥、浦添総合病院西口、宜野湾营业所等 [113] 具志川空港线：往那霸巴士总站（旭桥）、中城、**うるま**市役所前、具志川巴士总站等 [120] 名护西空港线：往那霸巴士总站（旭桥）、县厅北口、松尾、牧志、港川、琉球村、万座海滩前、许田、名护城入口、名护巴士总站等处 [123] 石川空港线：往那霸巴士总站（旭桥）、中城、知花、东恩纳等 [152] **イオンモール冲绳ライカム**（高速线）：往那霸 IC 前、中城、**イオンモール冲绳ライカム**（Aeon Mall Okinawa Rycom）等处
4号乘车处	[25] 普天间空港线：往那霸巴士总站（旭桥）、普天间等 [95] 空港あしびな一线：往 Outlet Mall Ashibinaa 国内线↔LCC 航站楼接驳巴士

(*注) 从 2014 年 5 月开始，那霸机场国内线至国际线间有航站楼间免费接驳巴士营运，每 10～15 分钟一班车，可利用接驳车搭乘到国内线航站楼，再步行大约 15 分钟，转乘单轨电车进入市区。

冲绳都市单轨电车（ゆいレール）
www.yui-rail.co.jp
冲绳国际机场
tc.visitokinawa.jp/tourist_information/airport/

1.2 冲绳本岛交通

● 冲绳都市单轨电车"Yui Rail"
　　2003年正式营运的冲绳都市单轨电车"Yui Rail"是冲绳唯一的铁路交通系统，串联那霸市区内的那霸机场、国际通、牧志、新都心、首里等地点；由起站那霸机场到终点站首里仅需27分钟。乘车时不但可以在高架轨道上欣赏窗外的城市风景，抵达各站前，还可以欣赏车厢内播放的音乐——冲绳民谣！

- 发车间距为每小时5～9班车，各站间行驶时间约2～3分钟，首班车为早上6:00，末班车则是23:30发车，双向皆同。
- 单程票价依据搭乘的距离共分为230日元、260日元、300日元、330日元4个阶梯，小孩票价为成人的半价。
- 098-8592630
- www.yui-rail.co.jp、info.okica.jp (OKICA)

● 市内线巴士
　　连接那霸市区的巴士，号码都在20号以下；反之市外线则是号码在20号以上。市内线巴士除了7、8、10、12、18号外，以及市外线在那霸市内，车费一律为成人230日元、小孩120日元，另外也有一日乘车券贩卖。市内线和市外线在国际通上的停靠站不同，乘车时请务必注意。

● 冲绳地区共通票券

◎ 储值卡 OKICA
　　像悠游卡的感应式储值卡，可用于冲绳都市单轨电车与那霸巴士、琉球巴士、冲绳巴士、东阳巴士的所有路线。需注意的是，虽然日本其他地区的IC已整合且可互相通用，但在冲绳的交通系统目前还不收其他IC卡。使用完后可至单轨电车窗口、巴士营业所、巴士售票处办理退卡手续，便可拿回押金及余额，但需支付手续费(依各窗口而异)。

价钱： 分为1000日元、2000日元、3000日元、4000日元、5000日元及10000日元，其中500日元为押金，其他则为可利用的金额。
哪里买： 单轨电车售票机与车站窗口，那霸巴士、琉球巴士、冲绳巴士、东阳巴士的营业所与售票处。
网址： info.okica.jp
备注： 在单轨电车售票机与巴士车内都可储值

◎ 一日、两日乘车券
　　一日、两日乘车券分别以24、48小时计算，从第一次通过剪票口开始算起，24或48小时内可以无限次搭乘单轨电车全线，跨日也没有关系，并且市区内的许多著名景点出售一日、两日乘车券门票可享优惠。

价钱： 一日乘车券成人700日元、小孩350日元，两日乘车券成人1200日元、小孩600日元。
使用范围： 单轨电车全线
哪里买： 自动售票机(蓝色机身，上面标示有一日乘车券者)或车站窗口购买

◎ 单轨电车＋巴士一日乘车券
　　由于那霸市区几个重要景点，如首里城、识名园、波上宫均离单轨电车车站有一段距离，若能搭配巴士移动既省时又省力，因此单轨电车与那霸巴士共同推出了"单轨电车＋巴士一日乘车券"。这张优惠券为纸卡，购买后于使用

当天刮开纸卡上的月份与日期的数字，即视为生效。需注意的是，其有效期限与单轨电车的一日乘车券不同，是以日期为准，而非 24 小时，跨日无法使用。
价钱： 成人 1000 日元、小孩 500 日元
使用范围： 单轨电车全线、那霸巴士那霸市区域内全线
哪里买： 单轨电车各站，那霸巴士总站、新川、具志、石岭、空港营业所。
备注： 适用范围请参考 www.yui-rail.co.jp/pdf/MAP.pdf

◎ 观光巴士

　　除了一般大众运输交通工具的巴士之外，参加观光巴士的行程，是可以快速串联景点的交通方式之一。

冲绳观光巴士

- 从那霸巴士总站步行约 5 分钟
- 那霸市泉崎 1-10-16，定期观光巴士乘车处
- 098-8610083
- 8:00—18:00
- www.okinawabus.com（可上网填写表格预约）
- 全程附日语解说，建议提前 1 天预约以避免额满。

那霸观光巴士

- 从那霸巴士总站步行约 1 分钟
- 那霸市泉崎 1-21-26
- 098-8683750
- 8:00—22:00
- okinawa.0152.jp（可上网填写表格预约）
- 全程附日语解说，建议至少提前 1 天预约。

1.3 冲绳特惠酒店

● 月桃民宿
那霸市松尾 1-16-24
098-8617555
31000 日元

该店整体装修偏日式，简洁雅致，客房内是榻榻米地板和日式蒲团寝具，另外还有部分带阳台的日式风格客房。宾馆提供免费自行车，但数量有限，先到先得。宾馆距首里城有 18 分钟车程，距那霸机场有 16 分钟车程。

● 冲绳那霸美居酒店
那霸市壶川 3-3-19
098-8557111
15164 日元

冲绳那霸美居酒店地理位置优越，交通便捷，其位于壶川单轨列车站前面，距那霸机场约 10 分钟车程，毗邻奥武山公园。此外，酒店距那霸市主要的商业、购物中心都非常近。

● 那霸海滨酒店

- 那霸市辻 3-2-36
- 098-8622300
- www.nahabeachsidehotel.com
- 5200 日元

　　该酒店坐落在美丽的海滨附近，配有私人阳台的西式客房。同时，酒店的客人还可以租用自行车游览当地。酒店距离那霸机场有 5 分钟车程，距离单轨列车站有 15 分钟的步行路程。

● 古色石垣岛酒店

- 石垣市八岛町 1-8-5
- 098-0877400
- 9000 日元

　　该酒店地理位置优越，是冲绳短途游的理想出发点。在这里，旅客们可轻松前往市区内各大旅游、购物、餐饮地点。优越的位置，让游人前往市区内的热门景点变得方便快捷。

● 中东酒店

- 石垣市美崎町 2-8
- 098-0881155
- 17200 日元

　　该酒店就坐落在海滨，提供日式和西式客房，且部分客房设有俯瞰蔚蓝海水的私人露台。从客房的落地窗向外望去，海景甚为壮观。另外，酒店还提供潜水设备及烘干室，十分贴心。

● Club Med 石垣岛度假村

- 石垣市川平石崎 1 番地
- 008-8217008
- www.clubmed.co.jp
- 12600 日元

　　如果计划在石垣岛度假的话，这里是非常明智的选择，不仅提供自助式一日三餐，还可选择浮潜、射箭、网球等活动。

1.4 如何在冲绳挑选当地美食

第一牧志公设市场

🏠 那霸市松尾 2-10-1 ☎ 098-8676560 🕐 9:00—20:00 🌐 www.odnsym.com

　　这里是那霸市非常著名的海鲜市场，很多游客都感叹这里的海鲜物美价廉。市场的 1 层卖海鲜，2 层加工，有会说中文的服务人员，不用担心语言问题。来这里必点的首先是夜光贝，中等大小的大概 2000 日元；另外就是石垣牛肉，虽然没有神户牛肉出名，但也是冲绳的一大特色。

暖暮拉面（牧志店）

🏠 那霸市牧志 2-16-10 ☎ 098-8638331 🕐 11:00 至次日 2:00

　　顺着冲映大道一直向国际通走就能看到这家拉面店，位置很明显。需要在门口的售卖机上自助点餐，有图有中文，售卖机使用方法同卖水的售卖机——投币、选餐、出票、找零。汤头味道浓郁，建议点淡汤，口味较为合适。就餐高峰时餐厅门口经常排队，建议早些前往，以免浪费时间。

花笠食堂

那霸市牧志 3-2-48 098-8666085 11:00—21:00

这家店就在牧志市场对面,位置很好找,是本地的几个中年妇女所开,价格便宜,特色是正宗的冲绳本土家庭料理。特别推荐红豆粥,甜而不腻,软糯可口,作为饭后甜品非常不错。需要提醒的是这里不能刷卡,需提前备好现金。

御果子御殿

那霸市牧志 1-3-58 098-9512251 10:00—21:00

这是冲绳最知名的糕点店,在这里能吃到正宗的日式小点心。最受欢迎的要属用紫薯做成的小点心,其外形精美可爱,口感细致丝滑,甜而不腻,冷藏后味道更佳。

石垣屋

石垣市真荣里 547-7 098-0824400 11:00—22:00

石垣屋可以说是石垣岛上最有名的餐厅,是必须体验的美味料理店之一。餐厅的建筑拥有 300 年历史,在这里既可以体验冲绳的传统文化,还可享受最高级的黑毛猪和石垣烤牛肉。

海人居酒屋源新荣店

石垣市欣荣町 25-5 098-8609079 15:30 至次日 1:00

这里的烤大虾、石垣牛寿司非常好吃,另外还可以品尝一下墨鱼汁炒饭,味道很地道。

1.5 如何在冲绳购买特惠商品 SHOPPING 指南

🛒 HAPINAHA

🚇 单轨电车牧志站步行约 3 分钟　🏠 那霸市牧志 2-2-30　🕙 10:00—22:00(2F 餐厅 11:00—23:00，3F 平日 14:00—19:10，周末、节假日 13:00—18:15，4～6F 11:00—21:55)　🌐 hapinaha.com

那霸市区最热闹的国际通上，开设在三越百货旧址的 HAPINAHA 于 2015 年 3 月盛大开幕，结合购物、饮食与娱乐，6 层楼的馆内冲绳土特产店、餐厅、点心店等应有尽有，里面还有多款冲绳或是 HAPINAHA 的限定商品可以选购，甚至还有鬼屋与吉本兴业的表演厅"吉本冲绳花月"进驻，丰富多样的玩意儿，让人流连忘返。

🛒 泡盛专门店 古酒家

🚇 单轨电车县厅前站步行约 5 分钟　🏠 那霸市久茂地 3-4-18　🕙 10:00—22:30　🌐 koosya.jp

门口醒目地写着"县内最大级古酒泡盛专门店"的古酒家，贩卖的商品来自冲绳各地 47 家酒庄、600 种以上的冲绳泡盛和古酒，且提供免费试饮，如果不知道哪种泡盛适合自己的话，也可以请店里的泡盛专家推荐。除了酒类之外，也有果醋、调味料等当地农产品可供选择。

🛒 新天堂通 ニューパラダイスどおり

🚇 单轨电车牧志站下车

从国际通转进新天堂通不久，就被色彩缤纷的小店所吸引，沿着小路继续前行，静谧的气氛也持续延伸；几家舒服的咖啡店、茶店和个性商店错落在民家、老式美容院和杂货店之间，很适合在逛街逛累的下午来到这里，找家喜欢的咖啡店闲坐，感受冲绳慵懒的生活步调。

🛒 浮岛通 うきしまどおり

🚇 单轨电车牧志站下车

从国际通的交叉口转进浮岛通后，原本大路上的观光气息陡然一变，迎接步行者的是充满特色的 select shop、古着店和艺术感十足的原创 T 恤店。浮岛通上的店家尽管并不密集，但走的多是设计洗练、充满特色的路线，被誉为是引领冲绳流行文化的聚集地，也是当地年轻人喜爱逛的地点之一。

🛒 第一牧志公设市场 だいいちまきしこうせついちば

🚇 单轨电车牧志站、美荣桥站步行约10分钟 🏠 那霸市松尾2-10-1 🕗 8:00—20:00（依店家而异）🌐 kousetsu-ichiba.com

位于市场商店街中的第一牧志公设市场是贩卖冲绳生鲜食材的两层楼建筑，也是冲绳最著名的观光市场，在这里可以感受到冲绳当地活力满满的生活面貌。而在市场周边的市场本通与平和通上，除了有可以边走边吃的传统点心和冰激凌店、日常用品和各种名产店外，还有杂货店和咖啡店混杂其中，偶然的发现令人惊喜不已。

1.6 4天游冲绳必去的特惠景区

● **国际通**

🚍 可搭乘单轨电车在县厅前站、牧志站、美荣桥站等下车即达

特惠推荐

　　国际通是所有观光客必定造访的地方，在单轨电车县厅前站到牧志站间的国际通两旁，各家连锁特产店林立，泡盛、古酒、玻璃饰品、冲绳限定的零食、吊饰等各种来冲绳必买的产品琳琅满目、应有尽有。周边还有庶民市场、观光名产、当地美食，以及许多可爱的特色小店。

● 斋场御岳

🚌 搭乘巴士"斋场御岳入口"站步行 10 分钟　🏠 南城市知念字久手坚
🕘 9:00—18:00(入场至 17:30)

特惠推荐

　　2000 年登录为世界遗产的斋场御岳，是琉球王国宗教中地位最高的御岳，也是由神祇亲创的七御岳之一；王国时代，这里是举行闻得大君（琉球神道中地位最高的神女）即位仪式及国王祭拜的地方。循参道拾级而上，周围古木透出绿色光影，由天然巨石围成的圣域"三库理"气氛沉静，并能远眺王国的"神之岛"——久高岛。

● 首里城公园

🚇 搭乘单轨电车在首里站下车，步行约 15 分钟　🏠 那霸市首里金城町 1-2
🕘 免费区域 8:00—19:30，收费区域 8:30—19:00　🌐 oki-park.jp/shurijo

特惠推荐

首里城是琉球王国遗产中最具规模和代表性的景点，在 2000 年被列入《世界文化遗产名录》，作为 14 ~ 17 世纪琉球国王的宫殿，城里可以明显地看到受中国及日本的影响，并感受当年辉煌而独特的王国遗韵。首里站周边除了鲜红夺目的首里城，还有百年点心老铺、两个世界遗产及充满气氛的金城町石迭道，它们共同描绘出此区的历史气息。

45

● 冲绳世界文化王国·玉泉洞

搭乘巴士"玉泉洞前"站下车步行即达　南城市玉城字前川 1336　9:00—18:00(售票至 17:00)　www.gyokusendo.co.jp/okinawaworld

这是冲绳十分具代表性的主题乐园，园内包括全长 5 千米(开放路段共 890 米)、充满神秘气氛的钟乳石洞——玉泉洞，能够在古老民家中，体验或欣赏红型(琉球特殊染布技法)、机织、蓝染、琉球玻璃等各种琉球传统工艺的王国村，以及日本唯一的蝮蛇博物公园。

特惠推荐

● 万座毛

搭乘巴士"恩纳村役场前"站下车步行约 15 分钟　恩纳村恩纳 2571

万座毛是恩纳海岸的知名景点，名字的意思是"可以坐一万人的空地"。顺步道绕行宽阔的珊瑚礁岬角，两侧植物都是适合海岸地形的原生植物，沿途可以看见辽阔的海洋景色和北侧的万座海滩，附近大象形状的断崖，则是万座毛最具代表性的风景，也是韩剧《没关系，是爱情啊！》来冲绳的取景地之一。

FREE-VISIT PLACES 免费景点

● **琉球村**

🚌 交通：巴士"琉球村前"站下车步行即达 🏠 恩纳村山田 1130 🕐 8:30—17:30（售票至 17:00），7～9月 9:00—18:00（售票至 17:30） 🌐 www.ryukyumura.co.jp/ocial/lang/hantai

　　琉球村是以冲绳的历史、自然和生活文化为题的主题乐园。宛如古代冲绳般的村内，除了可以参观移建自冲绳各地的传统冲绳民家建筑，尝试红型（琉球特殊染布技法）、三味线演奏、琉球服装等文化体验，每天还有太鼓舞、琉球舞，年间还会举行各种冲绳传统的活动及祭典，值得一看。

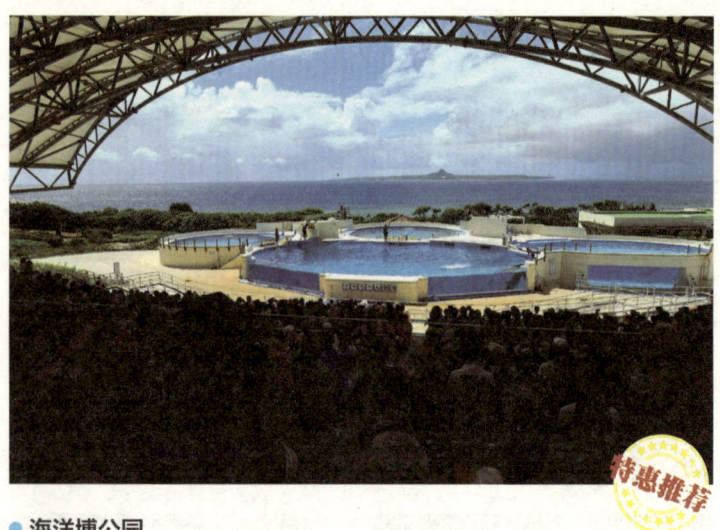

● **海洋博公园**

🚌 从巴士"名护バスターミナル"站搭乘65、66、70号巴士，或从那霸搭乘20、120号巴士于"记念公园前"站下车 🏠 本部町石川424 🕐 10月至次年2月8:00—18:00、3～9月8:00—19:30 🌐 oki-park.jp/kaiyohaku

　　海洋博公园几乎是每个来到冲绳的游客都会造访的景点，这里是1975年国际海洋博览会的举办会场，之后改建成占地广阔的国营纪念公园，年度入园人数多达370万人次，累计超过7000万人次，可见其受欢迎的程度。广大园区内除了非常受欢迎的"冲绳美丽海水族馆"外，还有海豚剧场、热带植物园、冲绳乡土村等各种人文与自然设施，十分精彩。

久米岛

由冲绳本岛前往久米岛可搭乘飞机或渡轮。飞机由那霸机场出发约25分钟，每天有4—7班。也可由泊港搭乘渡轮"フェリー琉球"或"ニューくめしま"，每天上、下午各1班往返

冲绳本岛以西约100千米外的久米岛，为冲绳各岛屿中的第五大岛，也是著名的潜水胜地。除了美丽海水外，久米岛曾独立于琉球王国之外，进行海上贸易，留有数百年历史的宫殿、古城和宗教相关遗迹，也拥有自己的泡盛酒造。和久米岛以跨海桥梁相连的小岛奥武岛，则以火山溶岩形成的龟甲状迭石而知名，东面的海上沙滩终端之浜（はての浜）则可由岛上搭船前往。

● 石垣岛

🚢 由冲绳本岛可乘船或搭飞机约 1 小时

作为八重山群岛的政治、经济和交通中心的石垣岛,总面积约 228 平方千米,是冲绳群岛当中的第三大岛。日剧 *HERO* 里木村拓哉下放的小岛石垣岛,号称"日本最后的度假秘境",美丽的海滩与山林风景,朴质无华的岛屿风光,交织出这里的南国情调,令人心情放松。岛上除了钟乳洞和民俗村等乐园景点外,庶民市场和市区古迹也充满了当地风情。

Chapter 4
6天特惠游完美指南

1. DAY1-DAY2 特惠游东京　P052
2. DAY3-DAY5 特惠游京都　P094
3. DAY6 特惠游奈良　P148

1 特惠游 东京
DAY1-DAY2

1.1 从机场如何到达东京市区

从成田和羽田机场,都约有 3 种交通方式可以抵达东京市区。从机场开始走进东京,由交通网络开始揭开这个超级城市的精彩面貌吧!

成田机场→东京市区

成田机场位于千叶县,距东京市区有一段距离。但幸好,各种交通设施十分完备,路线也标示得很清楚,只要事先了解自己适合的交通方式,按着指标走,就能轻松抵达市区。

● JR

JR 东日本提供两条路线往返机场与市区,一条是成田特快列车 N'EX,以下将详细介绍。另一条是总武本线的快速列车,约 1 小时一班,到东京车程约 90 分钟,全车均为自由席。时间较长,票价也较便宜,到东京 1317 日元、到横滨 1940 日元、到镰仓 2270 日元。欲往品川、横滨、镰仓方向可搭乘这班列车。查询时刻表时标明"快(快速)"的列车即是。

◎ 成田特快列车 N'EX
运行时间
由成田空港站发车的首班和末班车分别为 7:31 和 21:44,约每 30 分钟一班车,19:45 后每 1 小时一班车。
运行区间
连接成田第一航站楼、第二航站楼与东京都心的东京、品川、涩谷、新宿、池袋,更远可抵达横滨、高尾和大宫。
乘车时间
由空港第二航站楼到东京站最短时间为 53 分钟。
车票
全车均为指定席,换言之票价是车票+指定席特急券的价格。6 号车与 12 号车为绿色车厢。
如何买票
抵达机场后,在出境大厅的 JR 窗口购票即可。由市区往机场,如果担心没有票可于 JR 售票处绿色窗口(みどりの窓口)或是 JR 的自动售票机提前购买。

快速路线与价格指南

以下为机场前往各主要车站的时间和票价（车票+普通指定席）。

由机场往	时间	价格
东京	约60分钟	3020日元
品川	约72分钟	
涩谷	约80分钟	
新宿	约84分钟	3190日元
池袋	约93分钟	

特殊优惠票券

N'EX 东京去回车票

2015年起，JR东日本改推出全新的N'EX东京去回车票。虽然价格不如之前的N'EX东京直通车票优惠，但是事先规划好回程车班，不用担心到时候购票窗口前大排长龙导致时间被压缩，急急忙忙赶电车赶飞机，这样也是很方便的。

价格

标准车厢的指定坐席来回票，从机场到东京原价6040日元、到山手线沿线6380日元、到大宫7680日元、到横滨8580日元、到大船9240日元，但购买N'EX东京直达车票来回，不管到哪一站都只要4000日元，十分划算。

如何买票

抵达日本后可于成田国际机场第一和第二航站楼的JR东日本旅游服务中心（JR EAST Travel Information Center）或JR售票处绿色窗口（みどりの窓口），出示护照后购买。

使用限制

使用期间：机场进出市区的来回票有效期限14天。

使用限制：1. 基本上N'EX抵达的区间都可乘坐，也可以自由转搭规定范围内的JR各线。（请参考官网上的区间路线图 www.jreast.co.jp/tc/pass/nex_round.html）2. 使用N'EX票时不能中途出站。

成田特快列车 N'EX
www.jreast.co.jp/sc/nex（简体中文）
成田机场发车时刻表
www.jreast-timetable.jp/timetable/list1130.html

● **京成电铁** 京成电铁けいせいでんてつ

京成电铁分为成田SKY ACCESS线（成田スカイアクセス线）和京成本线两条路线，成田SKY ACCESS线有Sky Liner和ACCESS特急（アクセス特急）2种车，距离较近，速度也快。京成本线则有City Liner、Morning Liner、Evening Liner和快速特急4种车。

运行时间

SKY ACCESS线（成田スカイアクセス线）由成田空港站发车的首班和末班车分别为5:41和22:29，京成本线的首班和末班车分别为6:03和22:39，班次间隔均约20~30分钟。

运行区间

成田SKY ACCESS线和京成本线均连接成田第一航站楼、第二航站楼与青砥、日暮里和上野站，只是在中间的经过站有不同。

乘车时间

成田SKY ACCESS线的Sky Liner最快，由空港第二航站楼到日暮里站最短时间为 36 分钟，ACCESS 特急最快为 54 分钟。京成本线的特急在同样区间，最短时间为 70 分钟。

车票
车票计算依照车种区分，有两种：如果是 Sky Liner、City Liner 等 Liner 各线，票价为车票 + Liner 费用，全车为指定席。一般电车包括 ACCESS 特急（**アクセス**特急）、快速特急等线，票价等同于车票费用，相对而言，全车均为自由席，不能划位。

如何买票
可以在出境时的京急电铁窗口购买任何一种京急的车票。或者在乘车月台的入口前，有窗口或自动售票机可以购买。

快速路线与价格指南
以下为不同路线由机场前往各主要车站的时间和票价比较。

往	由机场						
	成田 SKY ACCESS 线		京成本线				
	Sky Liner	ACCESS 特急	特急	快速特急	快速	City Liner	Morning/Evening Liner
日暮里	约50分钟 2470日元	约70分钟 1240日元	约75分钟 1030日元	约80分钟 1030日元	约90分钟 1030日元	约70分钟 1920日元	约80分钟 1440日元
上野	约55分钟 2470日元	约75分钟 1240日元	约80分钟 1030日元	约85分钟 1030日元	约95分钟 1030日元	约75分钟 1920日元	约85分钟 1320日元

（成田 SKY ACCESS 线和京成本线月台不同，乘车时请注意指标。）

转乘信息
搭乘京成电铁进入东京市区之后，可依目的地转车前往。
转乘快速指南：

目的地	转乘站	转乘路线	注意
浅草	青砥	京成押上线（与都营浅草线直通运转）	在同月台转车。如果直接搭乘标示"羽田空港行"的车则不用转车，可直达
东京、品川	日暮里	JR 山手线	站内转车，请找 JR 转乘口
新宿、池袋	日暮里	JR 山手线	站内转车，请找 JR 转乘口

《如何购买转乘票》
可以直接在购票时就购买足额车票。转搭 JR 时，可以在站内转车的改札口旁购买。转搭都营浅草线时如果一开始票没有买足，出站前可用精算机或向窗口人员补票。

> **京成电铁**
> www.keisei.co.jp/keisei/tetudou/skyliner/cn（简体中文）
> **京成电铁——电车与车站的情报**
> www.keisei.co.jp/keisei/tetudou/accessj（駅构内图→选择车站后点击表语言的国旗即可查询较清晰站内图）

● 利木津巴士 リムジンバス

运行时间
依前往地点不同，由成田空港站发车的首班和末班车分别为 6:20 和 23:00，发车间隔从 10 分钟至 2 个小时不等。

运行区间
利木津巴士连接成田空港第一航站楼、空港第二航站楼与新宿车站、东京车站、东京城市航空总站和横滨巴士航空总站，并直达新宿、东京、池袋、银座、汐留、涩谷、品川、赤坂等各地的特约饭店。

乘车时间
依照前往地点和交通状况，时间从 70 分钟至 2 个小时不等。在尖峰时段可能塞车，必须留有更充裕的时间。

车票
分为单程票和来回票两种，全车均为指定席。

如何买票
在机场的利木津窗口或自动售票机，可以现场购买想要搭乘的利木津车票，从机场出发的巴士并不接受预约。回程巴士可以提在饭店柜台，以英、日语通过电话 03-3665-7220 在一日以前预约，或当天直接在乘车的饭店或车站购票。

快速路线与价格指南

一航厦站牌	二航厦站牌	目的地	时间	价格
2, 11	6, 16	新宿站	约 85 分钟	3100 日元
2, 11	6, 16	新宿地区饭店	约 90~100 分钟	3100 日元
1, 10	7, 17	T-CAT(东京城市航空总站)	约 55 分钟	3000 日元
1, 10	7, 17	东京站．日本桥	约 80~110 分钟	3100 日元
3, 12	5, 15	羽田机场	约 75 分钟	3100 日元
1, 10	7, 17	池袋地区饭店	约 85~120 分钟	3100 日元
1, 10	7, 17	银座．汐留地区饭店	约 80~90 分钟	3100 日元
1, 10	7, 17	日比谷地区饭店	约 80~90 分钟	3100 日元
2, 11	6, 16	赤阪地区饭店	约 80~120 分钟	3100 日元
1, 10	7, 17	涩谷地区饭店	约 85 分钟	3100 日元
4, 13	4, 14	惠比寿．品川地区饭店	约 85~110 分钟	3100 日元
3, 12	5, 15	Y-CAT(横滨城市航空总站)	约 90 分钟	3600 日元

（最新价格，请参考网站：www.Limousinebus.co.jp/ch2/bus_services/narita/index）

各路线停靠站指南

主要路线名称	停靠站名
新宿站	新宿站西口 (23 号巴士站)
新宿地区	京王广场酒店、东京凯悦酒店、东京柏悦酒店、新宿华盛顿酒店、东京希尔顿酒店、小田急世纪南悦酒店、新宿太阳道广场酒店
T-CAT(东京城市航空总站)	
东京站．日本桥	东京站八重洲南口、东京香格里拉大酒店、东京站丸之内北口（丸之内饭店）、东京安缦酒店、文华东方东京
羽田机场	
池袋地区	大都市酒店、阳光城王子饭店
银座．汐留地区	三井银座高级花园酒店、银座东武百豪酒店、东京康拉德酒店、东京花园酒店、皇家花园汐留塔酒店
日比谷地区	东京半岛酒店、帝国饭店、东京第一酒店
赤阪地区	新大谷饭店、赤阪王子大饭店、赤阪东急 Excel 酒店、大仓酒店、东京全日空洲际酒店、东京丽嘉酒店、东京君悦酒店
涩谷地区	东急圣罗伦酒店、涩谷东急 Excel 酒店
惠比寿．品川地区	东京威斯汀酒店、东京都酒店、东京 Laforet 酒店、品川王子饭店、东京太平洋酒店、东京王子樱塔饭店、高轮王子大饭店、新高轮王子大饭店、新山王饭店、品川站东口（东京 Strings 酒店）
Y-CAT(横滨站东口 Sky 大厦)	

（最新价格及停靠站，请参考网站：www.Limousinebus.co.jp/ch1）

优惠套票
LIMOUSINE&METROPASS

　　MOUSINE & SUBWAY PASS 利木津巴士原本与东京 METRO 的优惠套票已经取消，目前新推出的优惠为东京地铁套票，内容为利木津巴士车票以及东京地铁一日、二日或三日券，地铁券可搭乘的范围涵盖原本的东京 METRO 系统以及都营地铁系统，票价分为来回利木津车票加东京地铁连续三日券 6000 日元，回利木津车票加 东京地铁连续二日券 5700 日元，单程利木津车票加东京地铁一日券 3400 日元，各种选项都十分优惠。

如何买票
　　抵达日本后可于成田机场、东京城市航空总站、新宿站等地的利木津巴士柜台，或东京 METRO 定期券的售票处（中野、西船桥、副都心线的涩谷站除外）购买。

使用规定
　　使用期间：购买车票后的 6 个月内。
　　东京 METRO 的一日／两日券和利木津巴士可以不在同一天使用。

利木津巴士
- www.iimousinebus.co.jp/ch1（简体中文）
- www.limousinebus.co.jp/guide/ticket/（优惠票信息介绍）

羽田机场→东京市区

　　羽田机场位于东京市内，距 JR 山手在线的品川车站仅 11 分钟。不但崭新的羽田国际线航站楼十分好逛，交通动在线也简洁，即使是初次前往也不用担心。

● 东京单轨电车　东京モノレール
运行时间
　　由羽田空港国际线ビル駅（羽田空港国际线航站楼）发车的首班和末班车分别为 5:17 和 00:10，约每 2~11 分钟一班车。
运行区间
　　连接羽田空港第二ビル駅（第一航站楼）、空港第一ビル駅（第二航站楼）、羽田空港国际线ビル駅（国际线航站楼）以及 JR 山手在线的浜松町站。
乘车时间
　　由羽田空港国际线ビル駅（国际线航站楼）到的浜松町站最短时间为 14 分钟。
车种与车票
　　依照停靠站多少分为机场快速、区间快速和普通车，全车均为自由席。
如何买票
　　抵达机场后，在剪票口旁的自动售票机购票即可，不需事先购票。
价格
　　到浜松町站不论车种，票价均一，单程票为 490 日元。
转乘信息
　　搭乘东京单轨电车抵达浜松町站之后，可依目的地步行转搭乘 JR 山手线（浜松町站，站内转乘）都营大江户线（大门站，站外转乘）。
如何购买转乘票
　　可以直接在购票时就购买足额车票。如果一开始票没有买足额，也可以出站前用精算机或向窗口人员补票。

> **东京单轨电车**
> 🌐 www.tokyo-monorail.co.jp/sc（简体中文）

● 京急电铁 京急电铁けいきゅうでんてつ

运行时间

由羽田空港国际线ターミナル駅（国际线航站楼）发车的首班和末班车分别为 5:26 和 00:23，约每 2~10 分钟一班车。

运行区间

连接羽田空港国内线ターミナル駅（国内线航站楼）、羽田空港国际线ターミナル駅（国际线航站楼）以及 JR 山手在线的品川站，也可以不换车一路前往新桥、日本桥、浅草。

乘车时间

由羽田空港国际线ターミナル駅（国际线航站楼）到品川站最短时间为 13 分钟。

车种与车票

全车均为自由席。

如何买票

抵达机场后，在改札口旁的自动售票机购票即可，不需先购票。

价格

到品川站不论车种，票价均一，单程票为 410 日元。

转乘信息

搭乘京急电铁抵达品川站之后，可转搭 JR 山手线（品川站，站内转乘）前往涉谷、池袋等山手线各站。另外，因为都营浅草线和京急空港线直通运转，如前往新桥、东银座、浅草等站可不用换车，直接抵达。

如何购买转乘票

可以直接在购票时就购买足额车票。如果一开始票没有买足额，也可以到出站前用精算机或向窗口人员补票。在 JR 品川站转乘时，改札口旁也有售票处可补票。

特殊优惠票券

以下两种特殊优惠票券均可在羽田空港的自动售票机购买。

京急・羽田地铁共通乘车票（京急．羽田ちか铁共通パス）

京急单程票（至泉岳寺）加上都营地下铁．东京 MERO 无限次搭乘的一日券，成人 1310 日元。

东京旅游 1 日通票 &2 日通票（东京トラベル 1DAY&2DAY パス）

京急单程票（至泉岳寺）加上都营地下铁无限次搭乘的一日或两日券，成人一日券 800 日元，两日券 1200 日元。

> **京急电铁－羽田交通**
> 🌐 www.haneda-tokyo-access.com/cn（简体中文）

● 利木津巴士 リムジンバス

运行时间

由羽田空港国际线ターミナル（国际线航站楼）发车的首班和末班车分别为 7:40 和 21:00。

运行区间

利木津巴士连接羽田空港第一ビル、羽田空港第二ビル駅与新宿车站、东京车站、东京城市航空总站，并直达新宿、池袋、秋叶原、银座、涉谷、品川、赤坂等各地的特约饭店。

乘车时间

依照前往地点和交通状况，时间从 25 至 80 分钟不等。在尖峰时段可能塞车，必须留有更充裕的时间。

车票

分为单程票和来回票两种，全车均为指定席。

如何买票

在机场的利木津窗口或自动售票机，可以现场购买想要搭乘的利木津车票，从机场出发的巴士并不接受预约。回乘巴士可以在饭店柜台，以英、日语通过电话 03-3665-7220 在一日以前预约，或当天直接在乘车的饭店或车站购票。

快速路线与价格指南

由羽田机场往	时间	价格
新宿站	约 50 分钟	1230 日元
新宿地区饭店	约 50~70 分钟	1230 日元
池袋地区饭店	约 60~70 分钟	1230 日元
秋叶原站	约 30~50 分钟	930 日元
东京迪斯尼乐园度假区	约 50 分钟	830 日元

（最新价格及停靠站，请参考网站：www.limousinebus.co.jp/ch1）

主要路线停靠站指南

主要路线名称	停靠站名
新宿站	新宿站东口
新宿站	新宿西口 24 号巴士站
新宿地区	京王广场酒店、东京凯悦酒店、东京柏悦酒店、新宿华盛顿酒店、东京希尔顿酒店、小田急世纪南悦酒店、新宿阳光道广场酒店
秋叶原站	秋叶原站、东京圆顶饭店、东京桩山饭店、格兰皇宫大酒店
东京迪斯尼乐园度假区	东京迪斯尼乐园、东京迪斯尼海洋乐园以及区域内各饭店、东京湾喜来登等

优惠套票

LIMOUSINE&METROPASS

往羽田的利木津巴士和成田一样，有东京 METRO 与利木津巴士的组合套票。东京 METRO 一日券和利木津巴士单程票的组合。

价格

票种	价格	参考原价
东京 METRO 一日券 + 利木津巴士单程票	至东京城市航空总站、锦系町、秋叶原、丰洲、东阳町、银座、日比谷日元 1300	3410~3710 日元
	至赤阪、九段、后乐园日元 1400	
	至新宿站、池袋、目黑、中野日元 1600	

如何买票

抵达日本后可在羽田机场和其他指定地点购买。

使用规定

使用期间：购买车票后的 6 个月内。东京地铁的一日、二日、三日券和利木津巴士可以不在同一天使用。

利木津巴士

- www.limousinebus.co.jp/ch1（简体中文）
- www.limousinebus.co.jp/guide/ticket/（优惠票信息介绍）

1.2 东京区内交通

主要铁路介绍

东京都内常用到的铁路，分为：JR、东京 METRO、都营地铁、其他铁路。

● JR
标记：以浅绿色的 JR 东日本为标记。

隶属 JR 东日本管辖的东京 JR 铁道。最有名的就是绕经重要景点的环状铁道山手线，另外横切过山手线圆圈的 JR 中央线，可以通往三鹰、吉祥寺等地，也是利用度很高的 JR 铁路之一。在东京和新宿等大站的各 JR 线和新干线，则可以通往东京近郊和更远的本州岛各地。

● 东京 METRO
标记：以蓝底白色的圆弧 M 形为标记。

和都营地铁都属于地铁系统的东京メトロ，在东京市区内一共拥有 9 条线路，集中在山手线所圈起的圈圈内，是串联都心交通最方便的地铁线路，推出的一日乘车券，可在当天不计次数搭乘，使用度很高。

● 都营地铁
标记：以绿色银杏叶般的扇形为标记。

包含浅草、大江户、三田和新宿 4 条路线，以整体印象来说，都营线串联着比较古老、气氛有所不同的东京下町区域，也连接不少东京 METRO 和 JR 都未及的地点。

● 其他
包括知名度很高的百合海鸥号、都电荒川线、日暮里舍人 Liner、东京单轨电车和小田急、西武、东武、东急、京成、京王等私铁、公营、新交通系统和单轨电车路线。这些铁路提供前往特定区域或东京近郊的交通，可由山手线各站转乘。

票券基本介绍

● **一般车票**
车站里都有自动售票机和可以购票的窗口,可以直接购票进站。

● **储值票**
包括 JR 推出的 SUICA 和东京 METRO 推出的 PASMO,就是类似捷运悠游卡一样以储值扣款方式使用的票,优点是它可以跨线路使用,换言之只要拥有一张卡,就可以不用再烦恼跨线搭乘的问题。SUICA 和 PASMO 除了图案之外,功能和使用范围几乎完全一致。

● **优惠票**
如东京 METRO、JR 山手线、都营等系统均有推出一日券或跨系统的一日券,可在使用当天无限次搭乘,也是经过行程规划后真正可以省到交通费的票券。

具体线路介绍

● **JR 山手线** JR やまのてせん

特色
常有人说 JR 山手线是最方便东京新手使用的铁路,因为它是环状线(不怕坐错边,尽管会多花时间)、班次极多(一天超过 300 班),并且通往东京热闹的观光地以及重要转运点,而即便山手线没有经过的车站,也大多能找到可以转乘的车站。

总站数
全线 29 站。

起站与终站
均为东京。

全线长
34.5 千米。

全线行驶时间
约 60 分钟。

热门车站
日暮里、上野、秋叶原、神田、东京、有乐町、新桥、目黑、惠比寿、涩谷、原宿、新宿、池袋。

重要转运站
上野: 有京成电铁往成田机场,并可转搭新干线。
秋叶原: 筑波特快线可以前往筑波,京成千叶线则可达千叶。
神田: 可转搭 JR 中央线,横断 JR 山手线抵达新宿。
东京: JR 所有线路和新干线均在此交会。
新桥: 转搭ゆりかもめ(百合海鸥号)往台场地区。
浜松町: 有东京单轨电车往羽田机场。
品川: 有京急电铁往羽田机场,并可转搭新干线。另外,JR 京浜东北线往横浜,横须贺线通往镰仓。
涩谷: 东急东横线往代官山、中目黑、自由之丘,京王井之头线往下北泽、吉祥寺。
新宿: 小田急线往箱根,中央线往三鹰、井之头公园。

票价
130~190 日元(不论搭乘哪个方向都依定价表上的价格计算)。

间隔

尖峰时段约 2~3 分钟、通常每 3~6 分钟一班车。

车行方向

逆时针的（内回り）和顺时针（外回り）。

内回り： 由大崎→品川→东京→秋叶原→上野→日暮里→池袋→新宿→原宿→涩谷→大崎。

外回り： 由大崎→涩谷→原宿→新宿→池袋→日暮里→上野→秋叶原→东京→品川→大崎。

车种

山手线本身各站皆停，但因为全线和其他 JR 共线，因此有部分有特急、快速等的区分。如果不小心搭到特急需另补差价。

首班车与末班车

外回り： 首班车 4:38 池袋发车，末班车 1:09 到达池袋；

内回り： 首班车 4:33 池袋发车，末班车 1:19 到达池袋。

> **JR 东日本**
> www.jreast.co.jp/sc

● 东京 METRO 东京メトロ

路线

METRO 共有 9 条路线，包括银座线、丸之内线、千代田线、日比谷线、副都心线等都穿越重要观光区域，十分便利。

票价

160~290 日元

车种

各路线的车型不同，但基本上没有特急、急行等的差别，价格和停靠站也都相同。不过，在东西线、千代田线、副都心线等有配合其他铁路的直通运转，有快车通过。另外，部分路线在通勤时段另有通勤快车。

提示： 东京 METRO 在标示上做得很贴心，不但每条线路以色彩和英文前缀分隔，每一站还有编号，让旅客找站时十分便利。另外，在每个车站都有乘换专用的指示，告诉你转搭另外一线时，哪个车厢的距离比较近。

运行时间

约 5:00—00:30。

间隔

发车最密集的日比谷线，在尖峰时段有 1 分 50 秒发一班车的惊人纪录，通常至少每 3~10 分钟会有一班车。

> **东京 METRO**
> www.tokyometro.jp/cn（简体中文）

观光常用路线

银座线、丸之内线、有乐町线可说是观光客最常用的 3 条路线，与 JR 环状的山手线交相运用，可省下不少时间。

银座线 ぎんざせん Ginza Line

特色

日本第一条地铁。尽管年代已久，以橘色系为主的车厢设计也超过 20 年，经过的地点却依旧是东京的精华。银座线也是全日本最繁忙的一条地铁，每天有 370 班电车运行。

丸之内线 まるのうちせん Maru-no-uchi Line
特色

次于银座线完工的丸之内线相当长,倒 C 型的路线连接池袋、后乐园、东京、新宿等重要的大站。丸之内线经过新宿、抵达中野阪上后分为两条,前往方南町方面的支线以小 m 表示。丸之内线以红色为主色,车型和银座线非常相似。

有乐町线 ゆうらくちょうせん Yu-raku-chyo Line
特色

为分散丸之内线繁忙的状况而建,以褐色为主色。重要站包括池袋、饭田桥、与日比谷和东京站邻近的有乐町站、银座一丁目、月岛烧的月岛和百合海鸥号底站丰洲等。

● 都营地铁 都营地下铁 とえいちかてつ
路线

都营地铁和东京 METRO 同属地铁系统,包括大江户线、浅草线、三田线和新宿线,其中观光利用度较高的是大江户线和浅草线。
(英文彩色圈圈和各线路名称)

票价

140~410 日元。

运行时间

约 5:00 至次日 1:00。

车种

各路线的车型不同,但没有快速、急行等的差别,价格和停靠站也都相同。不过,在浅草线和新宿线等,与其他铁路直通运转的路段,则有快速特急、急行或通勤快速等车种运行。

浅草线 あさくさせん Asakusa Line
特色

连接了东京西区的浅草一带的浅草线,沿途不少站都可以和其他铁路相互转乘,十分方便。另外,浅草线在泉岳寺站和京急线直通运转,可直通羽田机场;另一侧的押上站则与京王押上直通运转可以前往成田机场。

大江户线 おおえどせん O-edo Line
特色

被称为东京第二条环状线的大江户线从都厅站分三面发车,经过车站如本乡三丁目、两国、森下、门前仲町、月岛和筑地市场等,都是被称为东京下町充满怀旧气氛的区域,另外也通往青山一丁目和六本木等站。

● 其他

百合海鸥号 ゆりかもめ Yuri-kamome
特色

连接台场地区的交通干线,沿着高架列车轨道,由汐留一带的超高楼穿行到滨海港湾,沿途绕行台场区域的各大景点,而大扇车窗外的各站风景,就已是观光的一部分。百合海鸥号属新交通系统,特色是非使用传统电气轨道方式,而是以特殊的橡胶轮车辆和专用轨道行驶。

都电荒川线
特色

东京都内仅存两条路面电车线中的其中一条(另一条为东急世田谷线),行走区间为东京北方的早稻田到三之轮桥之间。以昭和意象作设计的新型电车复古怀旧,能感受慢调东京风情。

东京急行电铁
特色
　　往东京西南方向延伸的私铁路线,总共 8 条路线中的田园都市、东横和目黑线 3 条路线与东京 METRO 直通运转,也是较常利用到的路线。搭乘东及各线可抵达代官山、自由之丘等他线未达的都内景点,也可前往横滨。

京王电铁
特色
　　连接东京与西面的高尾、八王子,共有 6 条路线。前往东京近郊较常利用的是井之头线,它连接涩谷、新宿和下北泽、吉祥寺。不过若由新宿前往吉祥寺,搭乘 JR 中央线较为便利。

东京地区共通票券

　　除了单次买票,东京地区复杂的交通,也衍生出结合不同交通系统的各式票券,方便旅客们配合行程使用。以下将介绍可爱又方便的 Suica 西瓜卡和 PASMO 卡,以及东京都内各种方便的储值或优惠票。

● 东京 METRO 一日券 东京メトロ一日乗車券
坐多远
　　东京 METRO9 线的全部区间,另外如果出示 1 日票,在都内 80 个以上的地点会有特别优惠。
哪里买
　　当天可在东京 METRO 各站的自动售票机购买,也可在东京 METRO 的定期券うりば(定期券贩卖所)购买前售票。另外在成田机场有贩卖针对旅行者的特价一日和二日票。
多少钱
　　成人 710 日元,儿童 360 日元。

● 东京 METRO．都营地铁一日乘车券 东京メトロ．都営地铁一日乗車券
坐多远
　　东京 METRO9 条加上都营地铁 4 条的全部区间。
哪里买
　　东京 METRO 和都营地铁各站的自动售票机。仅发售当日票,因此买票后仅限当日使用,请特别注意。
多少钱
　　成人 1000 日元,儿童 500 日元。

● 都营完全票 都営まるごときっぷ一日乗車券
坐多远
　　可搭乘都营系列的所有交通工具;包括都营地铁、都营巴士、都电、日暮里．舍人 Liner 等。和东京 METRO 一样,出示票券可享部分优惠。
哪里买
　　都营地铁和相关交通系统的自动售票机可直接购买当日券。前售券可在各相关交通系统的窗口购买。
多少钱
　　成人 700 日元,儿童 350 日元。

● 百合海鸥号一日乘车券 ゆりかもめ一日乗車券
坐多远
可自由搭乘百合海鸥号全线。
哪里买
百合海鸥号各站的自动售票机可直接购买当日券，前售券则须至新桥站、丰洲站或京急线（泉岳寺站外）的各站窗口购买。
多少钱
成人 820 日元，儿童 410 日元。

● 东京自由车票 東京フリーきっぷ
坐多远
东京 23 区内 JR 全线普通列车、东京 METRO、都营地铁、都电和巴士等均可免费搭乘，是所有特殊乘车票中乘坐范围最广的。
哪里买
各交通系统和びゅうプラザ均有售，各站窗口也贩卖前售票。但各站售票状况不同，自动售票机也不多，因此必须询问。
多少钱
成人 1590 日元，儿童 800 日元。

● 都营地铁一日 PASS 都営地下鉄ワンデーパス
坐多远
都营地铁依照季节会推出期间限定的一日 PASS，乘车时间限定周六日和节假日，乘车范围为都营地铁的四条路线，如果配合行程得当，十分划算。
哪里买
都营地铁各站（除押上、目黑、白金台、白金高轮及新宿线新宿站）均有售。
多少钱
成人 500 日元，儿童 250 日元。

● 都区内 PASS 都区内パス
坐多远
当日可自由搭乘东京 23 区内各 JR 线的普通和快速列车自由席，除了 NOZOMI 之外，也可加价搭乘新干线和特急列车。
哪里买
JR 东日本主要站的绿色窗口，びゅうプラザ等。
多少钱
成人 750 日元，儿童 370 日元。

● 都电一日乘车券 とでんいちにちじょうしゃけん
坐多远
当日可自由搭乘都电荒川线全线。
哪里买
荒川电车营业所和都电各站可购买前售票与当日票，当日票也可直接在车上购买。购票另有沿线部分景点优惠。此外，车上也可以直接用 Suica 或 Pasmo 扣款购买一日券，只是这样不享受其他优惠。
多少钱
成人 400 日元，儿童 200 日元。

● Suica & PASMO

简介

东京都内的各交通系统从 2000 年开始就陆续合作，现在有 JR 发行的 Suica（西瓜卡）和地铁与私铁系统发行的 PASMO 两种卡片可以选择。2007 年整合后，两者可以使用的区间和功能几乎相同。

特色

为类似一卡通的储值卡，同时并能作为电子钱包使用。虽然票价并没有优惠，但因为可以自由换乘各线，乘坐区间广，还能帮使用者直接算好复杂票价，因此仍广泛受游客和本地人利用。

坐多远

Suica 和 PASMO 均可在首都圈自由搭乘地铁、JR、公交车等各种交通工具，并均可在仙台和新潟区域使用。除此之外，Suica 另外还可用于 JR 九州岛、JR 西日本、JR 北海道、福冈交通局等区域。详细使用区间请参考：www.jreast.co.jp/suica/area

哪里买

1. Suica 在 JR 东日本各车站的自动售票机和绿色窗口都能购买。自动购票机并非每台都售，要找标明"Suica 发売"或"カード"（卡）的机器购买。
2. PASMO 在各私铁、地铁和公车站均可购买，自动售票机的话，一样找标明"PASMO 发売"或"カード"（卡）者。

多少钱

1. Suica 初次购买为 1000 日元起，含保证金 500 日元。
2. PASMO 包括 1000 日元、2000 日元、3000 日元、4000 日元、5000 日元、10000 日元几种金额，内含 500 日元保证金。

如何加值

在各车站有写 Pasmo／Suica チャージ（charge）的自动售票机都可以按指示插入纸钞加值，最高可加值 20000 日元。

如何退票

在 JR 东日本各站绿色窗口（Suica）和各地铁和私铁办公室（PASMO）可办理退票。取回金额是余额扣除 210 日元手续费后再加上 500 日元保证金。如果余额低于 210 日元就直接拿回 500 日元。

聪明用途

可以在便利商店结账、寄放行李、购买贩卖机饮料和在餐厅结账等。在标明 Suica 或 PASMO 符号的地方均可使用，十分方便。

利木津巴士
- Suica www.jreast.co.jp/sc（简体中文）
- Pasmo www.pasmo.co.jp/sc（简体中文）

1.3 东京特惠酒店

● 新宿灿路都广场大酒店
- 东京都涩谷区代代木 2-3-1
- 033-375-3211
- 15000 日元
- www.sunrouteplazashinjuku.jp

  该酒店地点位置很好，离 JR 新宿站不远，酒店靠近明治神宫和皇居。酒店内设计了两个吸烟区，其中有一个还有售货机，很方便。

● 浅草多米温泉酒店
- 东京都台东区花川户 1-3-4
- 10000 日元

  浅草多米温泉酒店距离浅草寺仅几分钟的路程，且酒店每天都有免费的冷热自助早餐。酒店有的双人间的阳台临河，观看夜景很棒。

● 东急蓝塔酒店
- 东京都涩谷区樱丘町 26-1
- 033-476-3000
- 30000 日元
- www.ceruleantower-hotel.com

  东急蓝塔酒店位于东京的中心地带，距离八公像仅仅几分钟路程。酒店内还可以看到东京铁塔远景。酒店顶层设有一间酒吧，可观看城市风景。

● 安尼可思胜太郎日式旅馆
- 东京都台东区谷中 3-8-4
- 033-828-2500
- 10000 日元
- www.katsutaro.com

  这家旅馆虽然距东京市区有些远，但是交通很便捷，乘 JR 地铁就可到达。旅馆距离 JR 日暮里站约 600 米，距离上野公园和上野动物园都很近，步行大概 10 分钟。旅馆外是典型的日式街道，平静安详。旅馆房间和浴室都很宽敞，卧室为日式榻榻米，公共走廊装饰现代感十足。

● 胶囊酒店
- 东京都新宿歌舞伎町 1-2-5
- 6000 日元

  该酒店设计成上下层的柜子，空间非常狭小，一般是为错过末班车或是等待头班飞机的旅客准备的。酒店的下床存储空间很大，放东西方便。另外，东京的胶囊旅馆一般都会将男女分开，所以不用担心入住时的尴尬。

67

1.4 如何在东京挑选当地美食

あばらや

🚇 JR 新宿站西口徒步 3 分钟 ☎ 03-33424880 🏠 新宿区西新宿 1-4-20 🕐 11:00—15:00, 17:00—24:00, 周日休息 🍴 蒸し玉ねぎ（蒸洋葱）400 日元，烧烤 120 日元起，生ビール（生啤酒）500 日元

与位于东口的歌舞伎町里的居酒屋相比，新宿西口的居酒屋感觉较为隐密且不喧闹。あばらや店面较小，完全没有连锁居酒屋的气派，但也更能够感受到当地人的气息。东京的物价偏高，而这里的菜肴相对便宜，且几乎样样都是招牌菜，朴实简单的家常料理美味程度没话说，而来这里的也大多是常客，游客较少。

久兵卫

🚇 银座线新桥站 3 出口、JR 新桥站银座口徒步 5 分钟 ☎ 03-35716523 🏠 中央区银座 8-7-6 🕐 11:30—14:00, 17:00—22:00 周日节假日，盂兰盆节、日本新年休息 🍴 午餐 4200 日元起 🌐 www.kyubey.jp

提起江户的美味寿司，位于银座的久兵卫是美食饕客共同推荐的高级寿司店，知名艺术家兼美食家的北大路鲁山人就是这里的常客。久兵卫的套餐全以日本知名的陶瓷乡命名，握寿司看起来似乎比一般寿司店的小，这是因为将醋饭和海鲜作完美搭配的缘故。

はざま

🚇 月岛站 7 出口徒步 5 分钟 ☎ 03-35341279 🏠 中央区月岛 3-17-8 🕐 11:00—22:00

处在文字烧的激战区，はざま的位置并不在大马路旁，而是隐身在小巷子之中，但即便如此，老字号招牌与朴实的口味，仍然吸引了许多老饕慕名前来。来这里享用文字烧时不要只品尝面糊，还要把铁板上的焦皮也铲起来吃，这可是老板娘推荐的美味秘诀哦！除了文字烧料理之外，这里最特别的就是餐后甜点了。用铁板煎出个饼皮，再放入红豆馅，油味引出面皮的焦香，配上绵密的内馅，热乎乎地吃起来有种古老的怀念滋味。

野田岩

🚇 大江户线赤羽桥站徒步 5 分钟 ☎ 03-35837852 🏠 港区东麻布 1-5-4 🕐 11:00—13:30，17:00—20:00 周日，夏季不定休，日本新年休息 💴 鳗丼 2300 日元，套餐 4500 日元起 🌐 www.nodaiwa.co.jp

创业至今已有 200 年历史的野田岩，现由第五代的金本兼次郎所经营，店内空间也古色古香。野田岩鳗鱼使用传统烹调法，先烤再蒸，沾上酱汁之后再烤，每个步骤都马虎不得，而烤出来的鳗鱼香甜松软，光闻味道就叫人垂涎，也是东京高级鳗鱼饭的代表之一。特别的是，野田岩率先引进鳗鱼饭和红酒搭配的饮食风格，所以店内也备有近 20 种红酒供顾客挑选。

玉ひで

地铁各线人形町站徒步 1 分钟、半藏门线水天宫站徒步 2 分钟 03-36687651 中央区日本桥人形町 1-17-10 亲子丼 11:30—13:00，午间套餐 11:30—14:00，晚间套餐：平日 17:00—22:00，周六日节假日 16:00—21:00 そぼろ亲子丼（鸡绞肉盖饭）1200 日元，元祖亲子丼 1500 日元 www.tamahide.co.jp

　　玉ひて是一家军鸡料理的专门店，宝历十年（1760）玉ひて的先祖山田铁右卫门在德川幕府的将军家担任御鹰匠的职务，为将军御膳准备鸡肉料理，相传他可以在不见血的状况下杀鸡去骨，而且手不用碰到鸡肉就可以将肉薄切，刀法堪称为艺术；250 多年来御鹰匠的刀法以嫡子单传的方式传承，目前已经传到第八代。玉ひて广受欢迎的亲子盖饭是由第五代传人的妻子发明的。用高级东京军鸡做成的亲子盖饭香味扑鼻，蛋汁滑顺、鸡肉紧致鲜嫩，滋味浓郁甘美，只限中午供应，所以每到正午门外总是大排长龙，想品尝的话最好提前过来排队，才不会等太久。

TANITA 食堂

日比谷站徒步 1 分钟，JR 有乐町站徒步 1 分钟 03-62734630 千代田区丸の内 3-1-1 丸之内国际大楼 B1 午餐 11:00—15:00，午茶 14:00—16:00，周末、节假日休息 日替わり（本日午餐）800 日元，周替わり（本周午餐）900 日元 www.tanita.co.jp/company/shokudo/index.php

　　日本的体脂体重计大厂 TANITA 的员工餐厅以均衡饮食帮助员工减重，引起话题后发行食谱，甚至是直接开设了一间食堂，将自家员工餐厅的伙食对外开放，让一般大众也能品尝。这里的定食每一份的热量都在 500 大卡左右，且蔬菜增量、盐份减量，吃起来饱足却又清爽无负担。在食堂一旁还有间诊间，提供专业体重体脂计供客人测量，还有免费的营养师为你解说各项疑难杂症，希望每个人的身体都可以维持健康的状态。

浅草今半

浅草站 A2 出口即达、银座线田原町站 3 出口徒步 5 分钟　03-38411114　台东区西浅草 3-1-12　11:30—21:30　すき烧御膳（寿喜烧套餐）6300 日元起。午餐限定：百年牛肉饭（一日 20 份）1575 日元，すき烧昼膳（寿喜烧午间套餐）3675 日元起　www.asakusaimahan.co.jp

　　位于国际通上的今半本店，是浅草的寿喜烧专卖店，外观看起来现代化十足，但其实内部是传统雅致的日本家屋，座位都是榻榻米，使用的肉品是高级日本牛肉，柔嫩的最佳状态时裹上蛋黄入口，就是美味。若是中午时段到访，还能以实惠的价格品尝一日限定 20 份的百年牛肉饭，亲自尝尝老店制作的牛肉的优雅柔顺好味道。

たまな食堂

地铁各线表参道站徒步 5 分钟　03-57753673　港区南青山 3-8-27　午餐平日 11:00—15:30、周末 10:00—15:30，晚餐 18:00—22:30　午间たまな定食平日 1800 日元，假日 1500 日元　nfs.tamana-shokudo.jp

　　たまな食堂隐身在绿荫与闲适的氛围里，食堂内只卖素食，而且只以传统的发酵技法或是发酵调味品增添风味，强调国产、有机、无农药，大量的蔬菜、健康的糙米（玄米），食材都是来自于相熟的契约农园。招牌的た まな定食，轻渍的蔬菜保有爽脆口感的同时，曲的风味更衬托蔬菜的清甜自然，豆类的制品化作炸豆腐、丹贝（一种印度尼西亚传统豆类发酵食品）、轻发酵的纳豆，搭配糙米饭，再加上各式酱菜，无意间，居然就吃了 40 种蔬菜，是这么简单却又复杂的一餐。

Napule

🚇 地铁各线表参道站 B1 出口徒步 1 分钟 ☎ 03-37973790 🏠 港区南青山 5-6-24 🕐 午餐 11:30—14:00，周末至 14:30，晚餐 18:00—22:00 💴 平日ランチ A（平日午间套餐 A）1200 日元，披萨 1900 日元起 🌐 www.bellavita.co.jp/napule/

充满欧洲情调的店面有着可爱的黄白墙面，透过大扇玻璃窗，可以望见帅气的披萨职人太田先生正熟练掌着长铲，将披萨送进窑内；不到 2 分钟，披萨香气充满餐厅内，连东京街景也仿佛摇曳着，映出了意大利的影子。以石炉窑烤出的薄脆饼皮中间却充满着口感十足的咬劲，有趣的是，从手制面皮到烧窑过程都没有百分之百的标准规定，而是由职人们依照每次面团、温度、木材等各种状况的不同，以敏锐纯熟的感性加以判定。

神谷バー

🚇 银座线浅草站徒步 1 分钟 ☎ 03-38415400 🏠 台东区浅草 1-1-1 🕐 11:30—22:00，周二休息 💴 デンキブラン（电气白兰地）260 日元，ハンバーグステーキ（汉堡肉排）820 日元 🌐 www.kamiyabar.com

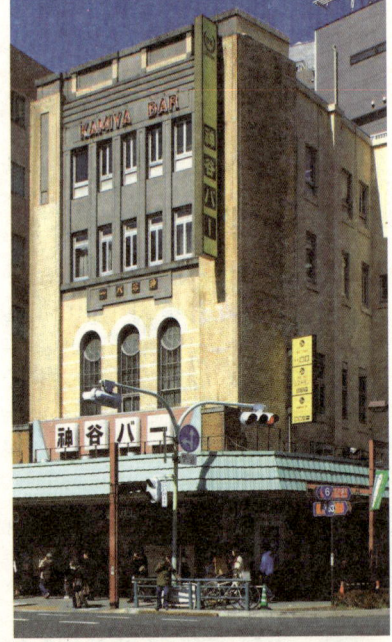

创业于 1880 年的神谷バー（神谷 Bar），在浅草区域有如地标重要的存在，是浅草地区庶民社交生活空间。这里的招牌调酒电气白兰地是一种浓度高达 40°，加了汉方草药与白兰地的饮料。在日本现代化启蒙的明治时代，冠上"电气"两字的都是指舶来高级品的流行称号，而琥珀色的电气白兰地现在已经成为浅草的名产。至今仍受到许多文人爱戴而怀旧风情的洋食料理的下町口味，也是许多老东京最念念难忘的滋味。

炼瓦亭

银座线银座站徒步 3 分钟　03-35613882　中央区银座 3-5-16　午餐 11:15—15:00，晚餐 16:40—21:00，周六—20:45，周日休息　元祖オムライス（元祖蛋包饭）1300 日元，ハヤシライス（元祖牛肉烩饭）1600 日元　www.ginza-rengatei.com/index1f.html

明治二十八年（1895 年）开业的洋食屋炼瓦亭，是银座餐厅中最有名的一家，也是蛋包饭、牛肉烩饭等和风洋食的创始店，更是蛋包饭迷必来朝圣的店家。不同于现在常见的蛋包饭，炼瓦亭元祖蛋包饭的蛋与米饭混合而成，奶油搭配出的香味出乎意料得清爽，即使吃到最后一口也不会令人厌倦。

SMOKEHOUSE

地铁各线明治神宫前站徒步 4 分钟，JR 山手线原宿站徒步 10 分钟　03-64505855　涩谷区神宫前 5-17-13 2F　11:30—15:00、17:30—22:00，周六日假日 11:30—22:00　综合烤肉（BBQ コンボ，含 4 种烧肉与 2 道配菜）4200 日元、鸡肉沙拉 1300 日元　www.tyharborbrewing.co.jp/jp/smokehouse

啤酒趁鲜喝最是美味，SMOKEHOUSE 的手工酿造啤酒不但别处喝不到，新鲜度也是一流，和店内独家熏制的熏肉组成黄金拍档。店里料理分量也是美式作风，餐点以独门熏肉技法，把新鲜肉类用香料腌渍入味后，以 120～150℃低温，熏烤 1 个半至 10 小时以上，逼出肉类的油脂和香气，达到外酥内嫩的口感。

俺のフレンチ

JR、地铁各线新桥站徒步 1 分钟，地铁各线银座站徒步 7 分钟　03-62806435　中央区银座 8-7-9　16:00—23:30（卖完为止）　牛菲力与鹅肝佐松露酱（牛ヒレ肉とフォ アグラのロッシーニトリュフソース）1480 日元　ja-jp.facebook.com/oreita.orefure

　　以"站着吃的法式料理"为号召，俺のフレンチ系列餐厅率先以立食方式，大幅降低法式料理价格，当一块鹅肝牛排等同于一场电影票价时，你可以想见门口大排长龙的原因了。不只以低价策略吸引顾客，更靠坐镇每间餐厅的主厨巩固口碑。银座店主厨布川铁英在法式料理界已有 35 年经验，秉持着不妥协的精神，他坚持以逼近成本的超低价，提供高级法式餐厅等级的极品美馔，许多顾客就是冲着他的手艺，痴心排队无怨无尤。

MADO LOUNGE

日比谷线六本木站 1C 出口直结　03-34700052　六本木 Hills 森タワー（MORI TOWER）52F TOKYO CITY VIEW 内　11:00—17:00（午餐 14:30、午茶餐点 16:00、午茶饮料 16:30），18:00—23:00（套餐 21:30、单点 22:00、饮料 22:30）　午间意大利面套餐 1890 日元起　ma-do.jp

　　从中午营业到深夜的餐厅 MADO LOUNGE，最适合的时段，就是参观完森美术馆和 TOKYO CITY VIEW 展望台的时候。身在 52 层楼的高空，总是舍不得离开那份美丽的高楼视野，这时走进 MADO LOUNGE，中午可以尝尝意大利面等的轻食套餐，下午是点心下午茶、晚上有浪漫晚餐、更晚的时段则为灯光迷离的酒吧；MADO LOUNGE 以日文的"窗户"读音为名，果然不论在什么时候，都有最适合"佐"窗景的最好诠释。

LUXIS

JR 惠比寿站西口徒步 1 分钟　03-54282288　涩谷区惠比寿西 1-7-3 ZAIN EBISU B1　16:00 至次日 5:00　Dinner Time 3500 日元起，Bar Time 2000 日元起　www.luxis.co.jp

潜入惠比寿地下的魔幻用餐空间，中世纪深色神秘的氛围，搭配大理石、深红色绒布沙发还有蜡烛吊灯的华丽诡谲。挑高天井与一片迷幻蓝色水族箱的包围，用餐空间的极致创意想象完全浓缩在这地下空间当中。LUXIS 给人一种置身古堡当中的想象，水族馆所映照出来的蓝色海洋增添了这个联想的真实感受。面对着热带鱼优游自在的姿态，夜晚更增添了感性梦幻的情调。餐厅所供应的和洋混搭风格料理，搭配上精心调配的鸡尾酒，就是一餐难忘的华丽飨宴。

INTERSECT BY LEXUS TOKYO

各地铁线表参道站徒步 3 分钟　03-64471540　港区南青山 4-21-26　CAFE & GARAGE0 9:00—23:00、LOUNGE & SHOP 11:00—23:00　午餐定食 1300 日元、点心 700 日元　www.lexusint.com/jp/intersect/tokyo

这是 LEXUS 第一间品牌概念，结合车、咖啡、艺文展场、设计商店和美食 Lounge，体验品牌，创造人与人相遇、对话交流的舒适空间。食物菜单特别请来知名的 Food Director 田岛大地设计规划，多达 30 种特色料理，融会了法式、义式、美式等世界各地料理与日本东京的饮食特色，午间套餐在一个大方形餐板上放上一盘盘的季节沙拉、小菜和主菜，跳脱制式的西式料理规则，融入日本饮食文化。

GUCCI CAFE

🚇 地铁各线银座站徒步 5 分钟　☎ 03-35628112　🏠 GUCCI 银座 4F　🕐 11:00—20:00　💴 GUCCI 巧克力 1 个 300 日元

在银座的 GUCCI 旗舰店 4 楼，有间宽敞华丽的 GUCCI CAFE，也是 GUCCI 在日本唯一一家咖啡店。维持品牌一贯的格调，咖啡店的挑高空间透露着高贵气息，店内点心如巧克力、提拉米苏，都印有 GUCCI 经典 Logo，不仅看来赏心悦目，口味也做得相当精致。

新宿高野本店

🚇 JR 新宿站东口徒步 2 分钟　☎ 0120-262554　🏠 新宿区新宿 3-26-11　🕐 10:00—21:00(但依楼层各异)，1 月 1 日，4 月、10 月第 3 个周一休息　💴 甜点吃到饱 2625 日元　🌐 takano.jp

高野是日本著名的高级水果店，发源自新宿，地下两个楼层都贩卖各种水果相关的商品，除了有自家特制的果酱和饼干外，新鲜水果礼盒和果汁都不少，如果想来点奢侈的味觉飨宴，5 楼的甜点吃到饱被东京女性选为第一名，爱吃甜点的朋友可别忘了来吃个下午茶哦！

Q-pot CAFE

🚇 地铁各线表参道站 B2 出口徒步 2 分钟 ☎ 03-64272626 🏠 港区北青山 3-10-2 🕐 11:30—20:00，日本新年休息，不定休 🍴 ネックレスプレート (necklace plate) 日元 1350 🌐 www.q-potcafe.jp

　　Q-pot CAFE 提供各种秀色可餐的餐饮，最具特色的餐点就是リングプレート (ring plate) 与ネックレ スプレート (necklace plate)，选择喜欢的餐盘后再选择喜欢的甜点，餐盘上像珠宝般精致的甜点看起来赏心悦目，虽然分量不多，但光是甜蜜滋味与美妙气氛就让人心满意足。另外，全店里里外外共有 9 扇大大小小的门，就等你来寻宝！

bills

🚇 百合海鸥线お台场公园站徒步 2 分钟 ☎ 03-35992100 🏠 DECKS Tokyo Beach 滨海商场 (シーサイドモール) 3F 🕐 9:00—23:00(食物 22:00，饮料 22:30)，不定休 🍴 リコッタパンケーキ w/ フレッシュバナナ、ハニーコームバター (香蕉蜂蜜奶油松饼)1400 日元 🌐 bills-jp.net

　　东京近年来兴起一阵松饼热潮，bills 正是其中的超人气店家之一。来自澳洲的 bills 被誉为"世界第一的早餐"，现在在日本共有 4 家分店，以拥有 206 个座位的台场店规模最大，挑高的室内明亮宽敞，在露天用餐区还可眺望彩虹大桥与东京湾美景，享受优雅惬意的用餐时光。必点的招牌松饼分量十足，三大片的超厚松饼色泽诱人，淋上蜂蜜后再切小块入口，湿润滑顺的口感让人惊艳。

1.5 如何在东京购买特惠商品 SHOPPING 指南

DiverCity Tokyo Plaza

百合海鸥号台场站徒步 5 分钟，临海线东京テレポート站徒步 3 分　03-63807800
江东区青海 1-1-10　商店、各种服务 10:00—21:00，美食广场 10:00—22:00，
餐厅 11:00—23:00，不定休　www.divercity-tokyo.com

DiverCity Tokyo Plaza 以"剧场型都市空间"为设计主题，打造出东京临海副都心地区的大型百货，提供游客集购物、玩乐与饮食大成的舒适空间。占地 8 层楼的 DiverCity Tokyo Plaza 总面积超过 45 000 平方米，进驻店数超过 150 家，包括 12 家咖啡厅与甜食店、31 家餐厅与美食、82 家流行购物、15 家室内杂货及 7 处游乐设施，在购物血拼的同时，还能享用美食。

Tokyo Solamachi

押上站出站即达　03-66588012　墨田区押上 1-1-2，东京晴空塔城内　购物 10:00—21:00，餐厅 11:00—23:00，不定休　www.tokyo-solamachi.jp/

Solamachi 集结了吃喝玩买，可概括为三大区域：西馆（West Yard）、塔身（Tower Yard）与东馆（East Yard），主要购物区域集中在东馆，而西馆则有水族馆、Food Marche、食べテラス（美食街）等。特别的是，东馆 5 楼有 Japan Experience Zone，4 楼有 Japan Souvenir，集结了日本才有的各大品牌与伴手礼；而高楼层 30、31 楼的景观餐厅也十分精彩。

🛒 KITTE

🚉 JR 东京站徒步 1 分钟　🏠 千代田区丸之内 2-7-2　🕐 购物 11:00—21:00，周日—20:00；餐厅及咖啡厅 11:00—23:00，周日—22:00　🌐 jptower-kitte.jp

  KITTE 百货商场改建自旧东京中央邮局的 KITTE，名称取自"邮票"（切手）与"来"（来て）的日文发音，雪白外墙内是宽阔的中空三角形空间，日光从上头倾泻而下，有种难以言喻的开阔与放松感，从地下 1 楼到地上 6 楼的 7 个楼层间进驻近百家店铺，是东京购物饮食的必去景点。

🛒 Tokyu Plaza 表参道原宿

🚉 JR 原宿站徒步 4 分钟、地铁各线明治神宫前站徒步 1 分钟　📞 03-34970418　🏠 涩谷区神宫前 4-30-3　🕐 购物 11:00—21:00，6～7F 餐饮 8:30—23:00　🌐 www.tokyu-plaza.com

  Tokyu Plaza 表参道原宿全馆进驻超过 25 家店铺，或是首次登陆日本或东京的新鲜品牌，或是人气品牌以新型态出店，全都是一时之选。购物之余，还可到 6、7 楼的 STARBUCKS 及澳洲餐厅 bills 享用餐点，STARBUCKS 拥有日本唯一的现做面包铺，bills 则以世界第一的美味早餐为号召，提供松饼和各种创意菜单。

浅草 Ekimise

🚇 地铁各线浅草站徒步 2 分钟 ☎ 03-68028633 🏠 台东区花川户 1-4-1，东武浅草站里 🕐 购物 10:00—20:00；餐饮 11:00—22:00（部分店铺不一），不定休 🌐 www.ekimise.jp

距离东京晴空塔十分近的 Ekimise，除了 B1～3 楼有从开幕时期便一直营业至今的松屋浅草店，在 4～7 楼的 Ekimise 里有 52 家新进驻的店铺，而开幕后最受注目的便是屋顶的晴空 Terrace，从这里可以绝佳角度一望东京晴空塔，而且免费开放，逛完街一定要上来欣赏美丽风景。

mAAch ecute 神田万世桥

🚇 JR 秋叶原站徒步 4 分钟 ☎ 03-32578910 🏠 千代田区神田须田町 1-25-4 🕐 购物 11:00—21:00（周日—20:00）；餐饮 11:00—23:00（周日—21:00）；1921 阶梯·1935 阶梯·2013 月台 11:00—22:30（周日—20:30） 🌐 www.maach-ecute.jp

mAAch ecute 选进的店铺较重嗜好性，以生活杂货与咖啡轻食为主；位在二楼的 N 3331 是轻食 Bar，haluta 与 fukumori 则都是结合杂货与咖啡轻食经营模式在地方大受好评的名店，另外还有书店、铁道模型卖店、居酒屋等。

涩谷 Hikarie

JR、银座线、京王井之头线涩谷站与2楼直结　03-54685892　涩谷区涩谷2-21-1　购物及各种服务 10:00—21:00，餐厅 6F 11:00—23:00，7F 11:00—23:30（周日—23:00）　www.hikarie.jp

　　涩谷 Hikarie 建于东急文化会馆旧址，是涩谷最新最强的复合商业大楼。地下3楼至地上5楼为东急百货店经营的 ShinQs，美食、美容、流行、杂货应有尽有，近200家店铺一次逛个过瘾；6～7楼囊括了26家餐厅及咖啡厅、8楼的艺术文化空间8展出多面向作品，11～16楼的 TOKYU THEATRE Orb Sky Lobby 则拥有世界最大音乐剧剧场。

日本购物退税说明

　　可退税的对象：短期访日的外国旅客，在日本工作或在日停留超过6个月的外国人不能享受免税服务。此外，必须在购物后的30天内出境。

　　可退税的商家：贴有 "Japan. Tax-free Shop" 贴纸的商家。日本全国目前有近3000家商家、电器卖场与百货商场适用，且持续增加中。商家查询：www.tax-freeshop.jnto.go.jp/eng/shop-list.php

　　可退税的商品类型：(1) 消耗品：食品、药品、化妆品及饮料等

(2) 一般商品：家电、服饰、包包等非消耗品须在30天内带出境，且食品、药品、化妆品等消耗品须保持包装完整，不可开封，开封即不能退税。

　　购买金额：属于(1)的消耗品，须同一人在同天同店内购买金额（税前）达到50000日元至50万日元（含）之间。若为(2)的一般商品，须同一人在同天同店购买金额（税前）超过1万日元。

　　若满足退税条件，结账时在收银台出示护照，并在购买者誓约上签名让店家留存，店家则会将购物记录单贴在护照上以供海关收回，并将退税商品装箱或装袋。记得不可拆开，须保持包装完整。出境时，购买的消耗品须随身携带（超过100毫升的饮料或液体类的可先托运），供海关查验。另外，在消费之前，需注意其标价是为税前（税抜き）还是税后（税込み），一般常见的都为税后价格，但像 DAISO 等百元商店通常标注税前价格。

www.tax-freeshop.jnto.go.jp

1.6 2天游东京必去的特惠景区

● **东京车站丸之内口驿站**

JR 东京站丸之内口出站即是　www.tokyoinfo.com

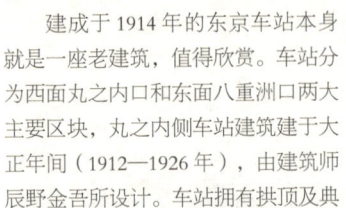

免费景点 FREE-VISIT PLACES

　　建成于1914年的东京车站本身就是一座老建筑，值得欣赏。车站分为西面丸之内口和东面八重洲口两大主要区块，丸之内侧车站建筑建于大正年间（1912—1926年），由建筑师辰野金吾所设计。车站拥有拱顶及典雅红砖的文艺复兴风格建筑，八重洲口则有原本的八重洲大楼和新建的南塔和北塔。整装后的东京车站内部机能充足完备，内部有咖啡店、餐厅、书店、药妆店等，一应俱全，美味餐厅或老铺绝不在少数。

● 皇居

🚇 各地铁线大手门站出站，徒步 5 分钟 ☎ 外苑：03-3213-0095，东御苑：03-3213-1111 🏠 东京都千代田区 外苑：自由参观，东御苑：9:00—16:30(11 至次年 2 月开放至 16:00、4 月 15 日—8 月开放至 17:00)；外苑：无休，东御苑：周一、周五、12 月 28 日至次年 1 月 3 日休息 🌐 sankan.kunaicho.go.jp

皇居是天皇平时居住的场所，为江户时代太田道灌所建。皇居平时不开放，一般人只能在二重桥上取景。

皇居外苑及东御苑倒是开放供民众参观。东御苑种植了数百株樱花，樱花季节时是东京人气很高的赏花场所。从东御苑大手门处拿个木牌，就可以顺着路径走上石墙及林荫间。木牌要妥善拿好，得在北之丸出口处交回。

● 银座歌舞伎座

🏠 中央区银座 4-12-15 🚇 各地铁线银座站 A7 出口徒步 5 分钟 ☎ 03-3541-3131 💰 "一幕见自由席"购买不用预约，当天购买即可，价格根据表演而异 🌐 www.kabuki-za.co.jp

歌舞伎为日本传统的舞台剧，以华丽服装、夸张化妆术，直接而大胆地传达理想和梦想。银座歌舞伎座就是专用的表演场，创于 1914 年，外观华丽的桃山样式建筑是于 1951 年再建而成的，2013 年再经隈研吾修建成现今的样貌，一年到头都上演着一出出脍炙人口的传统歌舞伎。对于外国游客而言，可选择 4 楼的一幕见自由席，感受一下气氛。

● 三菱一号馆美术馆

🏠 千代田区丸之内 2-6-2 🚇 JR 东京站丸之内南口徒步 5 分钟 ☎ 03-57778600 🕐 10:00—18:00，周五（节假日除外）10:00—20:00 周一（遇假日顺延），1月1日，换展期间休息 🌐 mimt.jp

　　三菱一号馆美术馆的建筑本身是座充满复古风情的美丽红砖建筑，虽然并非历史建筑，但却是依据1894年由英国设计师所绘、竖立于原基地的三菱事务所设计图，经过详细考证后所重建而成。1楼则有建筑本身的历史资料室、利用原本银行接待大厅空间、开放感十足的咖啡馆1894以及博物馆商店；2、3楼作为美术馆的展览空间使用。

● 谷根千

JR 山手线日暮里站北口出站徒步 3 分钟即达谷中银座。千代田线根津站、千驮木站出站即可至各景点

被东京人昵称为"谷根千"，位于东京市北部的台东区，由谷中、根津、千驮木三个相邻的地区组成。谷根千少了一般对东京印象的灯红酒绿、喧闹人潮，只有安静的街巷、淳厚的人情，古老的木造建筑，以及夕阳余晖中闪烁着光芒的长长坂道，浓郁的江户后期的古朴风情，悠闲和缓的慢板步调在这儿飘荡。活生生的旧式风景，难怪就连东京人也为此地深深着迷。

● 阿美横丁

JR 上野站出站即达

由上野车站南侧的高架铁轨桥下一路延伸到御徒町的阿美横丁，据说名字源自 America 的缩写，早期以贩卖美军二手商品出名，如今是当地著名的露天市场。现在的阿美横丁长约 400 米，沿路上有各种干货药材、蔬果饼干进口食品，还有以年轻人为主的流行服饰、鞋店，以及早年留下来的军用品店等，这里的商品以"平价"为号召，充满平民情调。

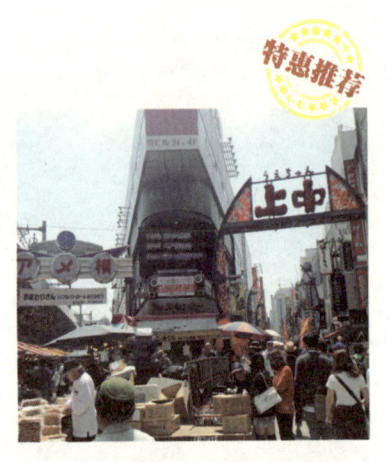

● 上野恩赐公园

JR 上野站出站即达 5:00—23:00

上野恩赐公园是东京都内最大的公园，面积有 53 万平方米，境内有广大的公园绿地、不忍池，还有上野动物园、美术馆和博物馆各种艺文设施，甚至还有几处颇具历史的神社小堂。

每年的赏樱季节是公园人潮最多的时候，晚上还有赏夜樱的活动，各式小吃摊贩和熙熙攘攘的游客将公园挤得水泄不通。以染井吉野樱为主的樱树多达 1200 株，混合着其他品种不同的樱花，上野的赏樱期竟长达近两个月。每年 3 月底至 4 月初举行"上野樱花祭"，则是从江户时代沿袭至今的活动，可见证日本人的花见大会。

● **东京铁塔**

港区芝公园 4-2-8　都营大江户线赤羽桥站徒步 5 分钟即达　03-34335111
展望台 9:00—22:00，最后入场至 21:45（特别展望台至 21:30）　大展望台大人 900 日元，中小学生 500 日元，4 岁以上小孩 400 日元；特别展望台大人 700 日元，中小学生 500 日元，4 岁以上小孩 4000 日元；部分设施另计费　www.tokyotower.co.jp

　　东京铁塔又叫东京塔，位于东京都港区芝公园内。东京塔是东京的地表性建筑，建于 1958 年，标高 332.6 米，本来最初设立的目的是担负东京多家电视台、电台的电波发射重任，不过由于塔上 150 米的大展望台与 249.9 米的特别展望台，具有 360°观景视野，而成为俯瞰东京市容的绝佳地点，据说天气晴朗的时候，可以远眺富士山。

● **台场海滨公园**

🚇 台场站 1 号出口徒步约 10 分钟　☎ 03-55002455

台场海滨公园是一处可供游人欣赏东京优美海岸线的公园，其占地广阔，境内不只有沙滩、绿地、卖场等。在这里能看到往来于东京湾的游船，能远眺对岸，还能欣赏夜景，这里更是东京人公认夜景最美的地方之一，所以这座公园也是日本人约会、外国人观光必来之地。

● **六本木**

🚇 搭乘各地铁线在六本木站下车即达

说到六本木，自然而然会想到"夜生活"三个字。过去，这里聚集酒吧和娱乐场所，是一处异国风味甚浓的都会区，2003 年经过大规模再开发计划后，诞生了全新打造的城中城——六本木 Hills，带领六本木走向高格调与精致化的新风格。四年后，与六本木 Hills 隔路相对的 Tokyo Midtown 建立，以六本木深厚的文化底蕴作为基础，着眼艺术、设计、时尚与品味，使得 Midtown 与六本木发生了改变，整体都成为日本设计潮流最新发源地，现在来到这里体会更多的是艺术气息。

● 新宿歌舞伎町

🚇 新宿东口出站徒步约 5 分钟

　　新宿东口北侧就是以声色场所知名的歌舞伎町，东京著名的娱乐中心之一分为一丁目和二丁目，即一条和二条。在歌舞伎町附近聚集了许多餐厅、酒屋、夜总会、风俗店等，可以看到许多上班族和年轻人在此聚会，是晚上用餐的好去处。但建议到这里要结伴同行，也别玩到太晚了还不回饭店哦！

● 东京晴空塔城

🏠 墨田区押上 1-1-2　🚌 押上站徒步即达　🕐 展望台 8:00—22:00,TOKYO Solamachi 10:00—21:00（一部分设施时间不一样）　💴 第一展望台天望 Deck,大人日元 2060、初高中生日元 1540、小学生日元 930、4 岁以上日元 620。第二展望台的天望回廊需加购票券,大人日元 1030、初高中生日元 820、小学生日元 510、4 岁以上日元 310　🌐 www.tokyo-skytree.jp

2012 年 5 月 22 日,这坐标高 634 米的自立式电波塔取代了东京铁塔,成为代表东京的新地标。晴空塔起初规划时曾开放民众投票命名,最后以"SKY TREE"这个开放性的概念胜出,成了现在"TOKYO SKYTREE TOWN"的构想,因此东京晴空塔又翻译为东京天空树。除了晴空塔本身之外,在处于 350 米的第一展望台,还有餐厅、咖啡店、商店等,而且这里的地板采用强化玻璃制成,脚下世界一览无余。在 450 米处有第二展望台,是欣赏东京夜景最好的去处之一。

● 表参道·青山

JR 原宿站、地铁明治神宫前站、表参道站出站即达

　　这里是东京四个主要特色的街头时装店聚集地之一，宽敞的欧风大街绿树阴郁，世界名牌的旗舰店，摆放极具创意的橱窗，LV、Prada、Dior 等充斥着游人的眼球。钻入巷弄中则又是另一个天地，特色杂货、咖啡厅、家饰店等，每一处都让人想进去一探究竟。再走远一点，还可到个性与优雅兼备的青山。迥异的风格，等待不同的族群来发掘，从视觉、听觉都让人舍不得错过任何精彩的画面。

● 涩谷

JR、银座线、京王井之头线涩谷站

涩谷全称涩谷区，是与银座、新宿、池袋等商区同名的繁华区，这里是东京年轻人的潮流文化中心，各种时髦及流行的发源地，热闹的十字路口有着大型荧屏强力放送最新最炫的音乐，种类丰富的各式商店和百货，除了著名的109百货是流行不败胜地外，位于公园通的神南地区、谷中央街和西班牙坂，也是逛街买物的好去处。如果逛累了，在涩谷的周围还有便宜的回转寿司、拉面店、烧肉店等超值美味可以享用。涩谷也是小众文化的重镇，地下音乐、艺术电影，还有Live Band，都可以在此找到。

● 筑地市场

日比谷线筑地站、都营大江户线筑地市场站、日比谷线都营大江户线东银座站等站出站皆徒步约5分钟

在东京旅行时，选一个天气晴朗之日，到筑地市场吃一顿最新鲜的握寿司早餐，早已是许多游客的行程安排之一。素有"东京厨房"称号的筑地市场，历史悠久，是世界最大的鱼市场，每天在此交易的渔货量相当庞大，除了参观市场，周边许多原本针对市场人员推出的小吃店家，新鲜又便宜，也成为游人的最爱。

● 浅草寺

🏠 台东区浅草 2-3-1　🚇 银座线、浅草线的浅草站出站即达　📞 03-38420181　🌐 www.senso-ji.jp

　　浅草寺是东京都内最古老的寺庙，浅草的信仰中心。相传，在推古天皇三十六年（628年），有位渔夫在隅田川中捞起了一尊高5.5厘米的黄金观世音菩萨像，于是就建了座小小的庙堂虔心供奉。后来浅草观音寺门前成了江户时期最热闹的繁华区，仲见世通上人潮不绝。浅草寺最引人注目的莫过于寺院的大门——"雷门"，其正式名称是"风雷神门"，上面写着"雷门"二字的大红色提灯重达130千克，是浅草的象征。雷门的右边有一尊风神像，左边则是雷神像，守护着浅草寺。

2 京都

DAY3–DAY5 特惠游

2.1 如何特惠从东京到京都

从东京站乘坐 Nozomi 新干线,共四站,价格 13320 日元,需 2 小时 20 分左右车程。也可以选择价格稍便宜的 Hikari 新干线,共 7 站,价格 13020 日元,需 2 小时 45 分左右车程。

2.2 到达京都的交通方式

航空

出了关西机场的海关后,要从京都前往京都市区,大多人可以选择搭乘 JR 特急列车 Haruka,也可以直接坐利木津巴士至京都车站八条口。因为京都离关西机场实在太过遥远,提着笨重的行李转搭 JR 的普通列车时间漫长,提行李上下列车、月台、进出站,那可真的会累死人。以下将就 JR 特急列车 Haruka 与利木津巴士做解说,分析其特性与优缺点。

关西机场→京都市区

● 特急 Haruka

要从关西机场进入京都市区，第一推荐的就是 JR 的特急 Haruka。特急 Haruka 不但速度快，一班车就能到达京都车站，还省了提行李转车的麻烦。车资跟普通列车的转乘虽然差了一倍，但时间也节省了大半。Haruka 连结了关西机场与京都，更向北延伸至米原，也是要去京都北部琵琶湖西侧旅行的人的好选择。

○ 快速路线与价格指南

以下为机场前往各主要车站的时间和票价（车票+普通指定席）。

目的地	时间	票价
京都	约 1 小时 15 分钟	3370 日元
大津（滋贺县）	约 1 小时 30 分钟	3650 日元
米原（滋贺县）	约 2 小时 30 分钟	4730 日元

小贴士

如果有利用到はるか进出关西机场的话，千万不要忘了使用外国人的专利，购买 JR 关西周游券，不但可以在期限内自由乘坐 JR 的列车（特急、新干线除外），即使是 1 日券也可以搭乘 JR 特急はるか的自由席。以 JR 特急はるか的关空至京都的单程票价就要 3 370 日元，而 JR 关西周游券的 1 日券只要 2 200 日元，实在是省很多！

● 利木津巴士

利木津巴士以关西机场为中心，运行于关西各大区域之中。虽然路线众多，但在关西机场 1F 入境大厅出来，各路线的月台清楚划分，是不想转车、提行李上下月台楼梯的人，不易搞错又能快速抵达京都的好选择。只是要注意的是，利木津巴士抵达京都时，是在京都车站的八条口下车，这里离京都车站新干线口约 2 分钟、离京都车站约 5 分钟路程，还是得提行李走上一小段路才能抵达目的地。

○ 快速路线与价格指南

以下为机场前往主要车站的时间和票价。

乘车处	目的地	时间	票价
8 号	京都站八条口	约 1 小时 25 分钟	2550 日元

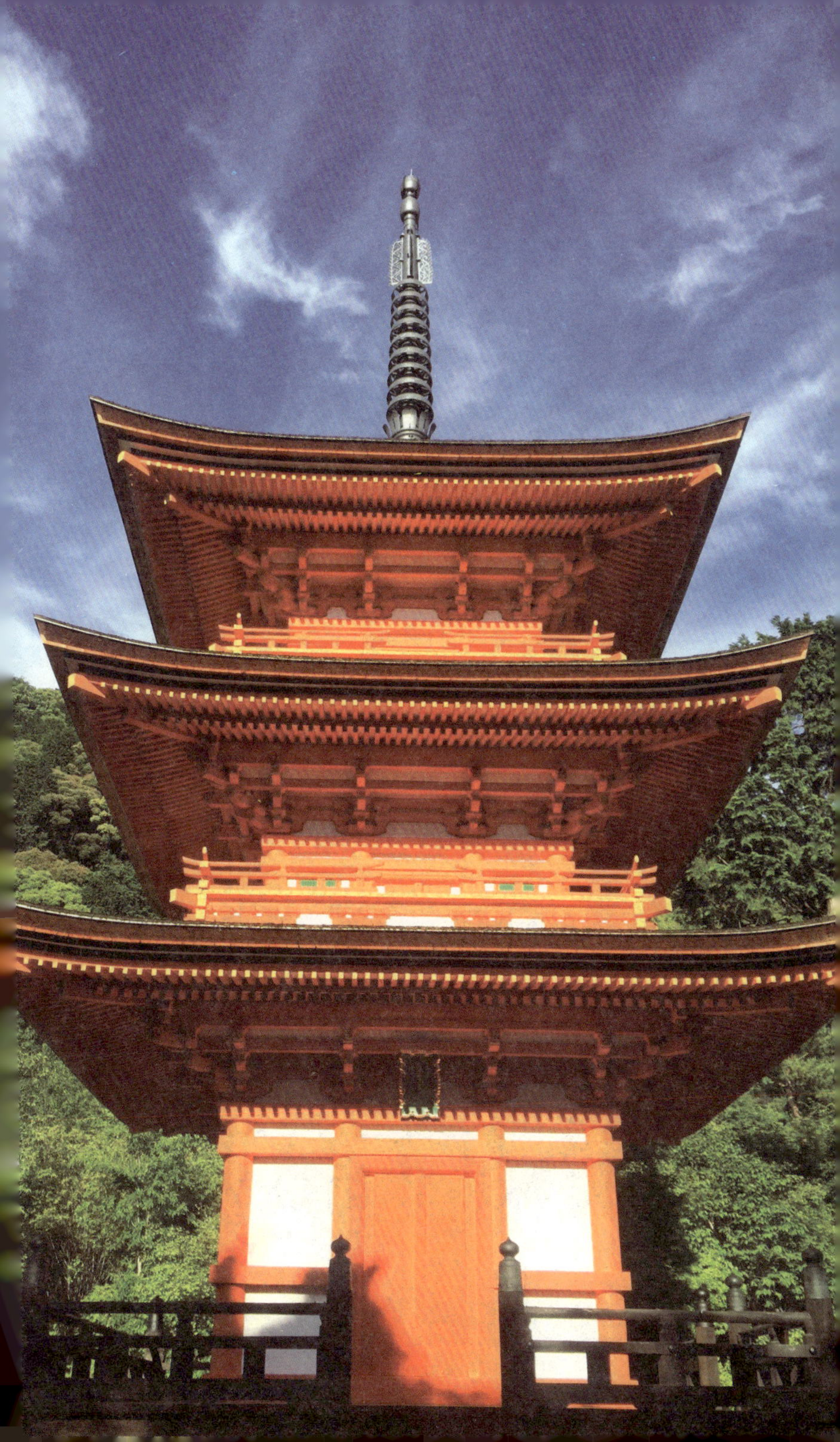

2.3 京都区内交通

和东京相比,京都的交通路线显得单纯,而有趣的是,对一般观光客而言,在京都主要的交通工具选项是公交车,而非单只有其他大都市所利用的地铁。通往各大景点的市区公交车路线,加上地铁和铁路系统,一同构成京都便利的交通网络。

主要交通介绍

京都常用到的交通方式如前述,分为巴士、地铁、铁路3种。

● **巴士**

主要有市区内的京都市巴士和路线巴士的京都巴士、京阪巴士等系统,市区交通主要以京都市巴士为主,在串联各大景点上十分便利。若前往较远的岚山、鞍马贵船或修学院离宫等地,需选择其他交通方式,另外,前往洛南地区利用JR或京阪电铁较为方便。

● **地铁**

京都地铁仅有两条路线,相当单纯,部分景点如醍醐寺、北山、二条城等,搭乘地铁前往较为方便。若持有关西thru pass或其他可以无限次搭乘的优惠票券,在市中心近距离移动时,搭乘地铁能省下路面塞车的时间,一般也会比公交车来得更快。

● **铁路**

包括JR和私铁等共有6家不同公司运行。以京都市内交通而言,JR系统可前往洛西的岚山、洛南的稻荷和东福寺一带;路面电车京福电铁是前往岚山地区人气最旺的交通工具;前往鞍马贵船和比睿山一带,需依靠睿山电铁;京阪电铁则能通往出町柳、东福寺、伏见稻荷大社和伏见一带。

◎车票

分为一般车票和优惠票两种，详情请参考公交车车票、地铁车票和共通票券介绍。

京都市交通局
关于市巴士和地铁等市区交通信息都可以参考这里。
www2.city.kyoto.lg.jp/koho/chi
京都交通路线与价格查询
www.arukumachikyoto.jp

● 巴士

◎京都市巴士

在京都最方便的市区交通工具，有80多条路线，可以轻松前往金阁寺、银阁寺、冈崎（平安神宫一带）、东山（清水寺一带）、四条河原町等地，一次囊括市区所有热门景点。

如何搭乘

以京都车站的乌丸口前为最大巴士转运站，分为A、B、C、D四大月台，在每个站牌前也都有清楚标明会前往的观光地。只要看好有前往地点名称（例如：金阁寺、银阁寺、四条河原等）的月台、在月台确认有抵达的路线号码后上车即可。（配京都站前巴士站图，路线广告牌，车上的电子广告牌路线标示）

票价

在固定的区域范围内搭乘一次都是230日元，如果计算行程，一天要搭乘市巴士3次以上，就很适合购买500日元的"市巴士专用1日乘车卡"。

时间

根据班次而定。

转乘点

一般几乎由京都车站前都可以直达前往，在祇园、北大路巴士总站、四条大宫和四条乌丸则有不同方向的路线可以转乘。在四条河原附近，因为没有统一的巴士站因此有一路都是不同家巴士公司站牌的情况，记得看清楚。

观光路线"洛巴士"

京都市巴士为方便观光客,推出3条串联热门景点的巴士,名为洛巴士(洛バス),凭巴士一日专用券等特殊票券也可搭乘。行驶路线如下:

100路:京都车站—三十三间堂—清水寺—八坂神社(祇园)—平安神宫—永观堂—银阁寺

101路:京都车站—二条城—北野天满宫—金阁寺—大德寺

102路:银阁寺—京都御所—北野天满宫—金阁寺—大德寺

夜间加开夜巴士

在晚上的9点过后,由最热闹的四条河原和祇园都有夜间巴士(よるバス)前往京都车站,四条河原发的末班车为23:30左右,祇园发的末班车为22:30;票价一样为均一230日元,一日券也可以使用。如果玩得晚了可以考虑利用。详情请看:www.kyoto-lab.jp/mk_k_nbus

◎ 其他巴士

包括前往岚山、太秦、大原、苔寺一带的京都巴士,和前往山科、醍醐、大津、比睿山一带的京阪巴士等。在区间内搭乘一次也是均一价230日元,但只要超过范围就要依照整理券上的标示收费。

● 京都市地铁

京都市仅有两条地铁,分别是南北向的地铁乌丸线和东西向的地铁东西线。乌丸线由国际会馆经乌丸、京都车站至竹田站,东西线则由六地藏经醍醐、东山、京都市役所至太秦天神川站。

如何搭乘

和一般地铁搭乘方式相同。

票价

210~350日元。

时间

约5:30—24:00。

转乘点

地铁乌丸线在京都车站可转乘其他铁路线,乌丸和东西线则在乌丸御池站相交。另外在山科、六地藏、三条京阪、四条、二条等站,邻近也有JR或私铁车站。

热门车站

　　乌丸御池、三条京阪、四条、东山等站固然热闹，其他如蹴上、醍醐、北山、京都市役所前等站也邻近景点区域，与巴士交替利用十分方便。

京阪神地区共通票券

　　超惠游一定要看！本篇介绍关西地区的优惠票券，游客可根据自己所去的目的地和在当地的停留时间，选择购买票种，会比单独购票省钱。

● 关西悠游卡 KANSAI THRU PASS
简介
　　针对外国旅客的关西悠游卡是关西地方旅游的最佳帮手之一。不但价格超值，搭乘范围也广，一券在手就能跑遍整个大关西地方，适合希望在关西做短距离多次移动的旅客使用。其优点就在可以任选不连续的三天（两天）使用，更方便旅人做行程上的变化。
哪里买
　　以观光为目的短期滞在旅客，凭护照可在关西机场 KAA 旅行服务台、梅田、难波、天王寺与新大阪等地的游客指南中心购买。
坐多远
　　京都、大阪、神户、比睿山、姬路、和歌山、奈良、高野山的电车、地铁与巴士（有一定范围），范围几乎涵盖了整个关西地区，较可惜的是 JR 与某些观光性缆车不能搭乘。
多少钱
　　两日券 4000 日元，三日券 5200 日元。
使用期限
　　根据票券上的使用期限为主。大致上是每半年会换一次版本，使用时记得要确认卡背面的使用期限。
使用法
　　只要有 **スルット** KANSAI 的标记的改札口都可使用。放入卡片后记得要

抽回，因为遗失并不能补发。另外如果是没有改札口的小站，出站时出示卡片即可。

聪明用途
每一份关西 THRU PASS 都会附一份优惠券，许多特约机构、寺庙都有门票 9 折或是赠送小礼物的优惠。例如，宇治平等院凭优惠券就会赠送游客一份精美明信片。

● 市巴士一日乘车券市バス京都バス一日乘车券カード

哪里买
市巴士、地铁案内所、京都站前站的自动售票机

多少钱
500 日元

坐多远
当天京都市内区间所有的市巴士与京都巴士。

注意
京都坐巴士一次都是 230 日元，只要坐 3 次就会回本，所以许多人都认为用这张一日券是游览京都最方便省钱的方法之一。

● 京都观光一日乘车券

哪里买
市巴士、地铁案内所，地铁售票机

多少钱
1200 日元

坐多远
市巴士、地铁全线、京都市内京都巴士

注意
另外还有贩卖两日券，需连续两天使用，售价 2000 日元。

关西悠游卡
www.surutto.com/tickets/kansai_thru_hantaiji.html（简体中文）

2.4 京都特惠酒店

● 柊家旅馆
京都市中京区麸屋町姉小路上ル中白山町
075-2211136
www.hiiragiya.co.jp
55500 日元

维持日式"数寄屋"风格的柊家旅馆，房间摆饰实而不华，随着四季交替而搭配的各色鲜花、障子、帘子等，都极富和式的清雅风格。自江户末期（1818 年）开业以来，就吸引王公贵族、文人墨客一再造访，日本文坛名人三岛由纪夫、默片大师卓别麟都曾是座上客。特别是诺贝尔文学奖得主川端康成（1899—1972 年），生前在此下榻过无数次，留下珍贵的墨宝、手札及文学作品。

● 京都塔酒店
京都市下京区乌丸通 7 条下东盐小路町 721-1
075-3613212
www.kyoto-tower.co.jp
11400 日元

酒店位于京都站对面，距离中央巴士总站仅有数步之遥，出行便利。酒店内有 Sky Lounge 酒廊，并提供前往京都塔观景台的免费门票。另外，在餐厅用餐就可以坐享京都的全景，也非常适合欣赏大阪夜景。

● 俵屋旅馆

🏠 中京区麸屋町通姊小路上ル
☎ 075-2115566
¥ 16100 日元

受伊藤博文、美国总统与欧洲贵族们喜爱的俵屋旅馆，是京都现存最古老的旅馆。从幕末开始，就以上质气息吸引许多名人来此投宿，到了旅馆的第11代主人佐藤年，更将俵屋的原有细腻融入现代风格，使得俵屋达到新的巅峰。从主屋到新馆，俵屋仅仅拥有18个房间，以风雅为名，每间房都呈现不同风格气息。

进入房间后，从俵屋知名的迎宾点心——"蕨饼"开始，客人们放松心情，慢慢融入旅馆内的慢调和风。随着季节变化创作的晚餐、汤豆腐朝食，以及为住客特别准备的睡前点心；傲人的老铺历史外，俵屋更以细腻的服务，让历代住客倾心。

● 祇园舞风馆

🏠 京都市东山区祇园八坂神社南门前
☎ 075-5255514
🌐 www.maifukan.com
¥ 20100 日元

高台寺附近有不少高档日式旅馆隐蔽其中，很有特色，不妨一试。祇园舞风馆就是其中一间。从酒店步行就可以到清水寺和二年坂、三年坂了，便于游览。酒店的周围都是日式的小房子，走在巷子里有种怀旧的宁静感。

● 怀古庵

🏠 左京区新间ノ町通仁王门上ル头町
☎ 075-7511005
🌐 kaikoan.jp
¥ 15000 日元

怀古庵临近平安神宫，是由江户时代的米店老铺"新洞食粮老铺"所运营的町家住宿服务，将邻近4栋从明治到大正年间建造的町家建筑，提供给一般客人住宿。

以2层楼町家为单位的出租形式，使得住客可以享受町家完整的和式环境；客厅、卧室、露台、厨房和卫浴等居住空间中，主人细心挑选了充满怀旧风情与细腻质感的家具摆设，其中几间出租町家里还有老式的围炉与和式温泉浴场。另外，藏侯很可爱的一点是：因为是米铺，所以还提供灶台和一人一餐分量的白米给住宿客人，除了住宿外，也与客人分享米食文化。

由于藏侯的老板娘有旅居美国的经验，所以用英文也能沟通住房事宜，在这里也常能见到因喜爱京都文化而来此长住的欧美学者或学生。

● **皮斯青年旅馆**
🏠 京都市南区东9条东山王町21-1
☎ 075-6937077
🌐 www.piecehostel.com
¥ 5500日元

　　这是一家很热门的背包客栈，配有设施齐全的厨房，可开火做饭。旅馆人气很旺，常常满房，建议提早两周预订。该店地理位置非常优越，距离JR京都车站只有5分钟步行路程。

● **庵**
🏠 下京区富小路通佛光寺下ル筋屋町144-6（庵事务所）
☎ 075-3520211
🌐 www.kyoto-machiya.com
¥ 16283日元

　　庵是结合现代室内设计美学理念所改筑成的町家住宿设施；设计师Alex Kerr虽然来自美国，却深受日本文化感召，以保存日本消失中的传统之美作为职志；庵在这样的期望下诞生，一方面透过保留原本町家建筑，希望传递日本之美，另一方面也做了使用方便的现代化调整，并且，除了提供整栋町家的出租住宿外，也设有正统的日本文化课程，如茶道、能剧、武士道等，因此常有欧美人士前来长期住宿兼学习，这里的职员也都能以英文接待。

　　庵目前有10栋大小不一的町家提供住宿，价格依每间容纳人数多寡而定。町家内大部分都有咖啡机、微波炉、和式风吕和西式厕所，部分还有床铺，以方便睡不惯日式卧铺的西方客人。

Chapter 4　6天特惠游完美指南 • DAY3-DAY5 特惠游京都

105

2.5 如何在京都挑选当地美食

祇园 奥冈

京都市东山区东大路通毘沙门町 44-66　京阪祇园四条站徒步约 10 分钟　075-5315155　午餐 11:30—15:00，晚餐 17:00—22:00　www.co2lo.jp/nsystem/client/okuoka/

不同于京都传统汤豆腐，祇园奥冈自豪的料理可是店主自己研究出豆浆煮豆腐的独创菜单，活用京都好水质做出最好吃的豆腐。利用豆浆为基底的火锅，加热后火锅表面会凝结美味的汤叶（豆皮），搋着小团扇让豆浆凝结成豆皮也是用餐的乐趣之一。

Restaurant 信

京都市中京区寺町通竹屋町下ル久远院前町 667-1　地铁京都市役所前站徒步 10 分钟，京阪神宫丸太町站徒步 8 分　075-2311211　午餐 11:30—14:30，晚餐 18:00—21:00 周一午间套餐 1700 日元起，晚间套餐 3800 日元起　www.kyoto-shin.jp

旧町家改建的建筑 Restaurant 信，外观洁白的墙面飘荡着寿司屋般的简洁自持。主厨兼负责人奥村信宏先生在饭店任职多年，看中了京野菜的潜力，选择京野菜作为探索法式料理的新尝试，低廉的价格、纤细的味觉层次，还同时兼顾健康与美味的信念，迅速在饕客间打响了知名度。

茶寮都路里

京都市东山 区四条通祇园町南侧 573-3 2F　京阪电车祇园四条站徒步 5 分钟　075-5612257　10:00—22:00，不定休　特选都路里パフェ（特选都路里圣代）1201 日元　www.giontsujiri.co.jp

茶寮都路里是京都最受欢迎的甘味店，门口总是大排长龙，真材实料用上等宇治抹茶做的各式圣代冰品让人赞不绝口，圣代里除了抹茶冰激凌，还添加了甘栗、抹茶蜂蜜蛋糕块、抹茶果冻，让人吃了一口还想一口。

甘党弥次喜多

京都市下京区四条河原町东侧下ル三筋目东入ル　阪急河原町站徒步 5 分钟　075-3510708　12:00—19:30，周二休息（遇节假日顺延）　白玉宇治金时 740 日元、抹茶クリームあんみつ（抹茶冰激凌蜜豆冰）840 日元

拥有 50 多年历史的甘党弥次喜多是跟着京都人长大的老味道。抹茶冰激凌蜜豆冰是店内的必点甜品，而白玉宇治金时冰则浇有宇治抹茶，底下藏著称作金时的红豆馅。

对凤庵

京都府宇治市宇治塔川 1-5　0774-23-3334　10:00—16:00，12 月 21 日至次年 1 月 9 日休息　www.kyoto-uji-kankou.or.jp

宇治茶等于日本高级茶的代名词，宇治市政府为推广日本茶成立了对凤庵，让一般人也有机会亲近茶道。对凤庵是完全针对观光客而设的茶道体验教室，可以说是老少皆宜，就算是外国人也不会感到太过拘束，不妨来这简朴的日式小屋，与来自日本各流派的老师共享茶的芳美。

黄樱·河童王国

伏见区塩屋町 228　075-6119919　10:00—20:00　免费，京都麦酒三小杯试饮组 250 日元

同样也是清酒老牌的"黄樱"从开业之始，就以河童作为商标，因此在伏见所开设的黄樱纪念馆就以河童王国为名，包括商店、广场、酒场、麦酒工房和河童资料馆等复合设施。除了可以看到黄樱历年来的河童广告，也可以喝到黄樱原创的京都地产啤酒——京都麦酒。在河童天国的对面，有一处简单的小廊，介绍黄樱酿酒的历史。

勘七茶屋

京都府宫津市字文珠 471-1　0772-222105　8:00—17:00　智惠之饼 10 个 680 日元　www.monjusou.com/kanshichi

勘七茶屋旁的智恩寺是天桥立的著名景点，而茶屋所卖的智惠之饼，则是有趣的天桥立名物：传说智恩寺的文殊菩萨将智慧托付在饼上，只要吃了就会变聪明。勘七茶屋隶属于旅馆文珠庄，创建于 1690 年，古朴店内洋溢着浓浓和风情绪。

2.6 如何在京都购买特惠商品 SHOPPING 指南

🛒 京都寺町通、京极通

🏠 京都市中京区寺町通、京极通 🚉 阪急河原町站、三条京阪站、祇园四条站等站徒步约 5 分钟 🌐 www.kyoto-teramachi.or.jp；www.teramachi-senmontenkai.jp

　　被从东西向的御池通与四条通所隔住的寺町通，由寺町商店街与寺町京极商店街所串联，是许多年轻人喜欢游逛的商业街，不只有药妆店，而且美食众多，流行购物应有尽有。寺町通的北端则有许多佛具老店、旧书铺和寺庙，供养战国枭雄织田信长的本能寺也在其中。

🛒 负野薰玉堂

🏠 京都府京都市下京区堀川通西本愿寺前 ☎ 075-371-0162 🕘 9:00—17:30，每月第 1、3 个周日，日本新年休息 💰 香道体验每人 2500 日元（附抹茶与和菓子） 🌐 www.kungyokudo.co.jp

　　创建超过 400 年的日本国宝级老铺薰玉堂，致力于香道的普及与推广，在总店的三楼设有开辟了以一般人为对象的香道体验教室。这个香道体验教室不仅是京都、就连在日本也相当罕见，进行闻香游戏之前，还另有 30 分钟的香道历史简介。

🛒 六角馆 SAKURA 堂 KYOTO

🏠 京都市中京区新町通六角下る六角町 351 ☎ 075-221-2121 🕐 11:30-18:00，不定休 🌐 www.rokkakukan-sakurado.com/

　　Sakurado 是化妆笔业界第一家专卖店，拥有 60 年的悠久历史，外观由日式旧建筑改装而成，满布京都风的优雅气质。店面位于京都中心四条、乌丸的徒步圈内，不论是由乌丸御池站或是由阪急乌丸站出发，都是徒步约 8 分钟便可抵达的距离，交通十分便利，加上邻近许多观光景点，前来 Sakurado 购物时顺道参观其他著名景点最适合不过了。店内各式各样的化妆笔皆是由广岛及熊野等地原严选并集结的材料所制成，种类多达 200 种可供挑选，采用日本傲视全球的传统技术，由专家一支一支手工制作，一旦使用过都会真心喜爱上，其他品牌的笔具可能就再也用不习惯了，拥有各种用途的笔们具有丰富的变化，可轻易展现女人之美，从毛质、笔尖、笔轴都追求对于美丽的坚持，也因此受到海内外顾客们的喜爱与支持，无论是自用或是送礼都非常适合。

　　而店内的多种化妆笔具中，又以店内原创的樱笔最受欢迎，实用的彩妆笔上妆点着朵朵可爱的樱花图样，令女孩们无法抵抗，另外一款极为人气的则是有着花朵形状的洗颜刷，不仅能改善暗沉、轻柔洁净毛孔内的脏污，用如此梦幻的刷具来洗脸更是会让人拥有一整天的好心情呢。

🛒 上羽绘惣

🏠 京都市下京区东洞院通松原上ル灯笼町东侧 ☎ 0120-399520 🕐 9:00—17:00，周六、节假日休息 💰 胡粉ネイル（指甲油）每罐 1300 起日元 🌐 www.gofun-nail.com

　　上羽绘惣的商品在全日本多处都能买得，行前可上网查询 "胡粉ネイル取扱店舗" 一项创业于 1751 年的上羽绘惣，本业是制作颜料的公司，从 260 多年前，就利用天然贝壳研磨成的胡粉制作各式绘画用颜料，日本画、人形娃娃、寺庙艺术等都会使用到，是日本古老工艺用品之一。而现在上羽绘惣更创造了胡粉指甲油，使用天然贝壳粉制成的指甲油，没了化学气味，也更天然无害，透气性高、易上色、干得快，更有金粉款与加入精油款，满足了女性的美丽需求。更棒的是，它无须去光水，用一般酒精或专用洗甲液即可洗净。

🛒 Crochet 京都

🏠 京都市下京区绫小路富小路东入塩屋町 69 ☎ 075-744-0840 🕐 10:30—19:00，不定休，具体时间安排详见官网 💰 各式京饴每份 580 日元 🌐 crcht.com

　　今西制果为创立于 1876 年的京饴老铺，其 "京饴・绫小路" 可是京饴中的名牌，传承百年的手工滋味，具现古都风雅的气品。曾任日本洋果子名店 Henri Charpentier 制作人的池村武彦遇见了今西制果的社长，有了今西制果为技术后盾，他开始了京饴的全新尝试。欧陆的糖果追求缤纷炫目的色彩，而传统的京饴则着重在滋味的呈现，如何融合两者之长，创造出崭新的京饴，池村先生从色彩里找故事。京都是色彩的都市。池村先生自其中萃取灵感与故事，运用在京饴中，创作出宛如皇朝再现的华丽风采，色泽的呈现很西方，色彩的选择却很东洋。虽然色泽鲜艳到让人提心吊胆，Crochet用的都是自然食用色素，光艳照人的效果源于今西制菓的传统手制京饴技术。钩针所编织出来的三十余种口味，每一种口味都有自己的颜色与专属故事，不妨自己前来探索。

京乃雪

京都市中京区二条通油小路东入ル西大黑町 331 番地 1 ☎ 075-256-7676
🕙 10:00—18:00，周三休息 🌐 www.kyonoyuki.com/taiwanese

　　地铁东西线二条城前站下车，2 号出口步行 3 分钟即达。京乃雪是从京都起源的自然系化妆品，希望大家使用后的肌肤都能够变得如同京都的瑞雪般白嫩细致，将日本全国各地所产 27 种和汉植物，长时间浸泡于京都鞍马的天然水中，萃取出美肌提取液，每种成分相加后不但对肌肤温和且充满来自大自然的恩惠，若持续使用可改善肌肤成为健康肌。位于世界遗产二条城附近的京乃雪是由风雅的京町屋改造而成，店内展示了作为原料的和汉植物，让人能放心地购买，店内的店员都十分亲切，可与店员商量讨论并且找到适合自己的商品。店内人气前三名分别是 Recovery Gel Cream 修复乳、Massage Cream 按摩霜及 Original Essence 美容液。洗脸过后只要使用 Recovery Gel Cream 修复乳就能滋润脸部，27 种和汉植物精华与珍珠粉能让肌肤紧致有弹性；弄湿脸颊后待一分钟后使用 Massage Cream 按摩霜浸润皮肤后再洗掉便是简单的按摩，里头的盐分与火山泥能去除老旧角质，让肌肤看起来紧致、光滑，适合对肌肤暗沉及有黑斑困扰的人；而 Original Essence 美容液则是用高丽人参精华来滋润疲惫的肌肤，特别能加强紧致眼角及嘴角，因此最适合用来预防肌肤老化。

　　此外，京乃雪也推出试用套组，用可爱的樱花花样小布袋，包着限定一周的试用套组，内含卸妆油、天然洗面皂、按摩霜及修复乳四样产品，可拿来作外出携带用之外，作为伴手礼也很适合，试用套组比原价便宜许多，千万可别错过这个机会。

GION

京都市上京区中务町 491-23(千本丸太町东入る北側) ☎ 075-802-1501
🕙 9:30-18:30，周六 9:30—17:00．节日及周日，不定时周六休息 🌐 miraclegion.jp/

　　到日本除了买衣服、买药妆、买可爱小物，近年来最红的就是非买电器莫属了，从吹风机到水波炉再到吸尘器等，都是大家抢购的重点项目。GION 的地点十分便利，距离二条城徒步只需要 10 分钟，由于是属于家电制品的批发店，因此有些商品能比一般的大型电器行都还要便宜，贩卖的商品从灯泡、一般家电、美容家电、甚至空调类的家电等皆有贩卖，有负离子功能的 Nano Care 吹风机与美颜机等都是近来很受欢迎的人气商品，由于贩卖的品项实在太多，店内并非全品项皆有排列展示出来，因此建议提前在网站上预购，像是来自海外的游客就可提早订购并预放于店中，等有空时再来取货，非常方便。

店内可提供免税服务，所以标价与网络上不同，店面是未税价而网络上则是含税价，购买时可稍微计算扣除税后的真正价格，便能知道 GION 是多么的划算。

Minä Perhonen

下京区河原町通四条下ル市之町 251-2 寿航站楼 1 层　075-3538990　12:00—20:00　www.mina-perhonen.jp

多次登上巴黎时装周的皆川明以布料设计闻名，minä perhonen 就是皆川明的直营店。店名 minä 是芬兰文的"我"，perhonen 则是"蝴蝶"之意。从大楼前的店广告牌到入口木门上的玻璃窗，全都是蝴蝶，推门入内，雪白壁面上就是一张蝴蝶图样的布料作成的"画"。在京都店里，minä perhonen 的各产品线服饰都有，女装为主，也有童装，男士服饰极少。和丹麦家居品牌弗利兹·汉森（Fritz Hansen）合作的座椅可在此订购，还有各式的布料（这是皆川明最著名的商品）也可以所需尺寸购买。

Mina

中京区河原町通三条下ル大黑町 58 番地　075-222-8470　购物 11:00—21:00，餐厅 11:00—24:00　www.mina-kyoto.com

位在河原町通上醒目的 mina 是京都年轻女性中人气最高的百货，昔日原址上的京都宝冢剧场因为受到附近现代电影院开业的影响而没落，因此重新建设了这栋充满时尚感的流行大楼，锁定 20～30 岁的女性，服饰、美食与健身中心等女性关心的店铺齐聚，还有京都最大的 UNIQLO、LOFT 可以逛。

靴工房源

京都市中京区西ノ京南圣町 21-42　075-822-6396、090-8367-8667　13:00—19:00，不定休　gen.michikusa.jp

这间靴工房名为"源"，除了与店主自己姓氏"清原"有关联，店主更喜欢这个汉义中有"从头开始、万物之初"意味的字。在"源"定制皮鞋的步骤大约如此：决定样式、测量脚型后，店主会用四到五个月的时间制作样品鞋，然后请顾客前来试穿，只要有稍微不舒服的地方，都要利用这个阶段仔细调整。订制鞋价格（含材料、工钱），分为 4 万到 8 万日币不等，以一双手工鞋来说并不便宜，但这样量身打造专属于自己的鞋，一生真的要拥有一双才会满足。

2.7 3天游京都必去的特惠景区

● **清水寺**

东山区清水1　075-5511234　6:00—18:00　成人300日元，中、小学生200日元　www.KIYOMIZUDERA.or.jp

特惠推荐

清水寺位于京都东部音羽山的山腰上，始建于宝龟九年（778年），是京都最古老的寺院，被列为日本国宝级建筑之一。清水寺是平安时代的建筑物，历史相当悠久，因为寺内拥有一处清泉而得名。由于曾经多次遭受火灾，目前所见的清水寺是1633年时依照原貌重建的。

沿着清水坂走向清水寺，首先看到的是清水寺巍峨的红色仁王门。仁王门属切妻式建筑，是日本最正统的屋顶建筑式样。在三重塔附近购买门票后，即进入清水寺正殿范围。这座正殿重建于1633年，建筑样式十分朴素，殿前的木质露台被称为"清水舞台"，使用139根木头架构而成，建于断崖上的悬造清水舞台高达12米，榫卯结构，没有动用一根钉子，为国宝级文物。初春时，这里樱花烂漫，深秋之际，此处红枫飒飒，是京都著名的欣赏樱花和红枫胜地之一。

清水寺本堂正殿中央，供奉着一尊千手观音，这座11面、42臂的千手观音比一般11面、40臂的千手观音多了2臂，最上面左右两臂上各捧着小如来像。这座佛像每隔33年才开放参观（上次开放时间是2000年），是清水寺的信仰中心，也是日本的重要文物。

清水寺后方有一个瀑布非常有名，相传喝了这里的水，可以预防疾病与灾难，因此又有"金色水""延命水"的别称，为"日本十大名水"之一。

> **小贴士**
> 清水寺在春、秋晚间开放夜间特别拜观，时间为19:00—21:00，票价也有调整。

● 三年坂

搭乘市营巴士202、206、207路至清水道站下车，再往清水寺方向步行约5分钟即到

三年坂也写作"产宁坂"，是一条山坡上的石板路，是清水寺的神道。虽然有"在三年坂摔倒的话，三年内一定会死亡"的传言，但三年坂的命名仅是由于它建于二年坂的来年（大同三年，公元808年），而直接以年号作为命名。

三年坂与二年坂、清水坂、五条坂相连，从三年坂与清水坂的交叉口沿三年坂下行，可以望见阶梯两旁栉比鳞次的黑瓦屋顶和错落的春樱，相当有京都风情，路两旁林立着出售各种小商品的店家，如纪念品商店、陶瓷店等，常令游客留连。

● 地主神社

🏠 东山区清水一丁目 317　☎ 075-5412097　🕘 9:00—17:00　🌐 www.jishujinja.or.jp

地主神社是日本唯一的结缘、祈求姻缘的神社，其历史比清水寺还要早，主建筑最早建于 701 年，保有日本最早的神社建筑样式，是清水寺所在山域的守护神社。

神社前有两块相距 17～18 米的"恋占之石"，据传只要闭上双眼，口中默念爱慕者的名字，顺利从这颗石头走到那颗石头，日后就能成就美满姻缘。

● 祇园

🏠 东山区祇园町605-1 🚇 京阪电铁祇园四条站、阪急电车河原町站徒步5分钟即达

　　阪急京都线在河原町站下车，京阪本线在祇园四条站下车，市巴士在祇园站下车。

　　一般所称的祇园，指的是由八坂神社前的四条通向西至鸭川，含括周边垂直小巷如花见小路、新桥通的区域，是京都最大的艺伎区。尽管来到这里的游客络绎不绝，但在小巷弄中仍保存着花街风情，经常能看到身着和服的艺伎从身边经过。在新桥通一带还有很多茶屋建筑也相当有味道，据说这里最初在1665年便允许茶屋经营，至今已有三百多年的历史。在四条通的大路两侧是商业街，除了京风小物和名产店，也有历史悠久的和点心铺和老字号餐厅，十分热闹。

● 圆山公园

🏠 东山区圆山町、鹫尾町 ☎ 075-5615333

圆山公园位于闹区中心,是京都最著名也最大众化的赏樱花公园,每逢赏花时节,这里总是人山人海。在池泉回游式的庭园内,可以欣赏盛开的染井吉野樱、山樱、里樱等樱花,而公园中央是有名的枝垂樱老树"祇园夜樱"。

● 安井金比罗宫

🏠 东山区东大路松原上ル下弁天町 70 ☎ 075-5615127 🕐 宫内自由参观,绘马馆 10:00—16:00,周一(绘马馆+玻璃馆)休息 💰 宫内免费,绘马馆+玻璃馆成人 500 日元,高中生以下学生 400 日元,幼儿免费 🌐 www.yasuikonpiragu.or.jp

气氛宁静的安井金比罗宫,紧邻祇园甲部歌舞练场,这是一间以保佑结良缘、斩恶缘而闻名的神社,日剧 *Anego* 曾在此取景。

安井金比罗宫内最醒目的是个覆满白色签纸、中间有开口的大石头,名叫"缘切缘结碑"。据说,只要先在签纸上写下愿望,再穿过中间的洞口,愿望就能实现。如果祈求良缘,要从石洞的里口穿到表口,想切断恶缘则反过来从表口穿到里口。另外,金比罗宫还有展示古今绘马的绘马馆和玻璃馆可以参观,需单独付费。

● 白川乡

岐阜县西北部白山山麓

白川乡位于岐阜县，是京都味儿最浓最美的地方之一，1995年，列入联合国教科文组织的世界遗产名录。白川乡四面环山，一弯流水流经村庄，在村内保存着许多江户时代末期的町家茶屋建筑，这些京都传统住宅多为木造两层楼式，格局细致，外观风雅。目前，白川南通旁这些千本格子造的房子，不是成为艺伎往来频繁的高级料亭，就是转型为风味独特的新式茶屋。川畔种植着成排的樱树与柳树，与格子窗交织成一道独特的风景。

白川上有巽桥和新桥两座桥，其中，与石造巽桥拥有相当长的历史，踏上小桥，可以望见白川上的垂柳春樱，或桥两端的古意街景，它们是游客留影的最佳取景地。邻近的新桥通上也有不少茶屋建筑，和白川南通一同被列为"重要传统的建造物群保存地区"。

● 平安神宫

🏠 左京区冈崎西天王町　☎ 075-7610221　🕐 神宫：6:00—18:00（11月至次年2月至17:00，3月1日—14日至17:30，3月15日—8月至18:00，9—10月至17:30）；神苑：8:30—17:30（闭门时间比神宫早半小时，售票至闭门半小时前）
💴 神宫免费。神苑成人600日元，儿童300日元　🌐 www.heianjingu.or.jp

平安神宫位于冈崎公园北边，是明治二十八年（1895年）日本为了庆祝奠都平安京1100年所兴建的纪念神社，主祭神是第五十代的桓武天皇和第一百二十一代的孝明天皇。站在京都美术馆前的神宫道远远望去，最先映入眼帘的是巨大的红色"鸟居"。每年春天樱花盛开之际，花海就从三条通渠岸一路簇拥到这里。

平安神宫的格局以2:3的比例，仿造平安时代的王宫而建，里面共有8座建筑，包括大鸟居、神宫道、应天门、大极殿、神苑等。从入口的应天门走进平安神宫，可以看见色泽艳丽、红绿相间的拜殿和中式风格的白虎、青龙两座楼阁，至大殿参拜和游逛广场都不需要门票，随意参观。

环绕平安神宫的神苑属池泉回游式庭园，每到春天，350株樱树竞相开放，尤其是多达150株的红枝垂樱，更是神苑最有名的春樱绝景。除了樱花季之外，园内一年四季也有不同的花卉可赏。

● 南禅寺

🏠 左京区南禅寺福地町 ☎ 075-7710365 🕐 12月至次年2月8:40—16:30，3-11月8:40—17:00(关门前20分钟停止售票) 💴 境内自由参观。方丈庭园500日元，三门500日元，南禅院300日元 🌐 www.nanzen.com

南禅寺正式名称为"瑞龙山太平兴国南禅禅寺"，是日本镰仓时代的建筑，为京都名刹之一。南禅寺的建筑风格雄伟宏大，充满禅宗意味。南禅寺范围不小，包括方丈庭园、方丈、三门、水路阁、南禅院等。巨大的三门号称"天下龙门"，建于1627年，式样古朴而气势恢宏，站在上层楼阁"五凤楼"可以远眺京都周边美景。

南禅寺的方丈庭园"虎子之渡"是江户初期枯山水庭园的代表，由小堀远州在庆长年间所作。庭内以白砂当作海洋，岩石与花草象征人间天堂，砂海中的两块巨石代表老虎与小虎，描绘着老虎带着幼子前往人间净土的意境。

方丈建筑分为大方丈、小方丈两个部分，其中小方丈在清凉殿后方，是从伏见城移建而来的小书院，其中的《袄绘》（隔间木门上的绘画）色彩缤纷，以狩野探幽的杰作《水吞虎》最为有名。

南禅寺境内的水路阁，始建于1885年，1890年竣工，是明治年间所建的疏水道，被誉为"京都市疏水事业"。红砖拱型的西式建筑古典而优美，沿步道走至水路阁上方，清澈的水流依然奔流不息。穿过水路阁，位于南禅寺高点的南禅院，则是由梦窗疎石所打造的池泉回游式庭园。

从南禅寺道开始到山门，沿途几乎都是出售汤豆腐的店家。秋天来到此地，可以找一处有庭院的店家，一面品尝著名的汤豆腐料理，一面欣赏在阳光下摇曳生姿的枫树。

●银阁寺

🏠 左京区银阁寺町2 ☎ 075-7715725 🕐 夏季（3月—11月）8:00—17:00，冬季（12月至次年2月）9:00—16:30 💴 成人、高中生500日元，中、小学生300日元
🌐 www.shokoku-ji.or.jp/ginkakuji/index.html

慈照寺通称为"银阁寺"，其与金阁寺一样，为日本的国宝级建筑。银阁寺同样由开创室町时代的足利家族所建，但不同的是，室町时代第三代将军——足利义满兴建金阁寺时正在室町时代的全盛期，到了第八代将军——足利义政时发生了应仁之乱（1467—1477年），这是京都有史以来最惨烈的战役，几乎所有建筑都化为废墟。无力平定战乱的义政在1473年辞去将军职，并在1482年开始兴建银阁寺，当时称为东山殿。战后一片荒凉中，义政难免要保持低调，因此与金阁的夺目耀眼不同，全体造景平淡质朴，本殿银阁也仅以黑漆涂饰，透着素静之美。

银阁寺占地面积约2万平方米，同时拥有枯山水与回游式庭园景观。庭院内的观音殿、东求堂保留着当初原貌，均为国宝级文物。而以锦镜池为中心的池泉回游式山水由义政亲自主导设计，水中倒影、松榕、锦鲤、山石，似乎透露着历经纷乱之后的宁静。枯山水庭园的银沙滩上，有一座白沙砌成的向月台，据说在满月之夜能将月光返照入阁。

● 真如堂

🏠 左京区净土寺真如町 82 ☎ 075-7710915 🕘 9:00—16:00 ¥ 成人、大学生 500 日元，高中生 400 日元，初中生 300 日元 🌐 www.shin-nyo-do.jp

真如堂的红叶相当有名，但其观赏时间比较晚，通常 11 月中旬本堂前开始换装，11 月底到 12 月，园内的枫叶一片火红。

堂里的阿弥陀如来立像是日本的重要文物，寺宝经藏甚多，但要到 11 月 5 日—15 日的"十夜大法要"最后一天，阿弥陀如来立像才会对外开放。借景东山三十六峰的枯山水庭园也是京都的名庭之一，其中随园之庭精致小巧，充满了田园气息。

● 四条河原町

🏠 京都市河原町大街与四条大街相交叉处一带

这区域指的是河原町大街与四条通、御池通、乌丸通和鸭川间相交叉的方形区域，这里是京都最繁华的区域，也是京都主要的购物区之一。

横跨不同时代、新旧交织的各型商店，构成这里多元而热闹的京都风味。其中，主要大型百货和商场集中在河原町通和四条通两条大路上，鸭川畔的木屋町通和先斗町通是夜生活的精华区，三条通的西段则留有不少大正时期风格浪漫的洋风砖造建筑，现在入驻很多个性商店。在新京极通和寺町通上，有流行服饰、和风商店、点心铺和各家老铺混杂其间，里寺町通一带则有不少个性小店和二手商店。还有锦小路通，路上遍布各种美味，简直就是京都的厨房。

● 西本愿寺

🏠 下京区堀川通花屋町下ル ☎ 075-3715181 🕐 5:30—18:00（3、4、9、10月开放至17:30，11月至次年2月6:00-17:00） 🌐 www.hongwanji.or.jp

西本愿寺正式名称为"龙谷山本愿寺"，是京都最大的寺院，为日本佛教净土真宗愿派的总寺院。四本愿寺由亲鸾所创，最初建于文永九年（1272年），后于天正十九年（1591年）迁至此处。寺庙的建筑风格属于桃山文化，唐门、白书院、黑书院、能舞台，都是日本国宝，1994年被列为世界文化遗产。

西本愿寺内的唐门又称"日暮门"，色泽精致璀璨，雕饰栏砌富丽堂皇，门柱上雕刻的精美麒麟，据说是日本麒麟啤酒商标的灵感来源。西本愿寺的能舞台，据考证是日本现存最古老的一座，与金阁寺、银阁寺并称为"京都三名阁"的飞云阁则是由丰臣秀吉在京都的宅邸——聚乐第移过来的，均为日本国宝级文物。

● 东本愿寺

🏠 下京区乌丸通七条上ル常叶町754 ☎ 075-3719181 🕐 3—10月5:50—17:30，11月至次年2月6:20—16:30 🌐 www.tomo-net.or.jp

东本愿寺是日本净土真宗大谷派的总寺院，位于京都最主要的街道乌丸通上。由于几经大火，东本愿寺的建筑都是明治二十八年（1895年）重建的，其中大师堂南北76米，东西58米，是京都最大的木造建筑，也是世界最大的木造建筑之一，供奉着净土真宗的创教人亲鸾上人。

每到11月，东本愿寺内的银杏树的叶子会转为明亮的金黄，将木造建筑衬托得更为古典，这里也成了京都欣赏秋色的好地方之一。

● 东寺

🏠 南区九条町 ☎ 075-6913325 🕐 8:30—17:30（9月20日—3月19日至16:30，关门前30分钟停止售票） 🌐 www.toji.or.jp

东寺的正式名称为"教王护国寺"，是佛教真言宗的寺院，建于平安京迁都时期（794年）。东寺除了有镇守京城的意义外，更有镇护关东地区的目的，在平安历史上备受尊崇。

东寺由被日本人尊为弘法大师（774-835年）的空海和尚所建，他除了将真言密教传入日本之外，更重要的是创造了日本假名中的片假名。每月21日是弘法大师的忌日，在东寺境内都有俗称"弘法市"的市集举行，热闹非凡。

寺内的五重塔是东寺最具代表性的地标，也是珍贵的历史建筑，53米高的木造塔是日本最高的木造建筑，最初于826年由空海和尚所建，之后经过4次火灾，现在所看到的为1644年德川家光下令建造的。宝物殿里收藏了许多日本国宝级文物，而在讲堂内排列着21尊佛像，据说是根据《曼陀罗》中的形象创作的，都十分值得观看。

● 三十三间堂

🏠 东山区三十三间堂回り町 657 ☎ 075-5250033 🕐 4月1日—11月15日 8:00—17:00，其他时间 9:00—16:00 💴 成人 600 日元、初、高中生 400 日元、儿童 300 日元 🌐 www.sanjusangendo.jp

　　三十三间堂意指"以柱隔间，共有三十三室的大殿"，而每一间室堂内都有观音佛像，总计有1001座。三十三间堂是天台宗寺院，正殿是莲华王院，京都最精彩的寺院建筑之一。据说起建当时（1164年），全日本的佛像雕刻师全部都被征召来完成三十三间堂，可见这里的佛雕艺术的规模。其中位居所有佛像正中间的坐姿千手观音出自镰仓时代（1192—1333年）名雕刻师湛庆之手，眼镶水晶，雕工细腻，是日本有名的国宝。虽名为"千手"观音，但其实每个观音各有40只手，而每一只手又都握有25种拯救尘世的法器，代表了"无限无量"。

● 二条城

中京区二条通堀川西入二条城町541 ☎ 075-8410096 ⏰ 8:45—16:00；12月26日—1月4日，每年1月、7月、8月、12月的周二（遇假日顺延）休息 ¥ 成人600日元，初、高中生350日元，小学生200日元 🌐 www.city.kyoto.jp/bunshi/nijojo

建于庆长八年（1603年）的二条城，正式名称为"元离宫二条城"，又称"二条御所"，是江户幕府的权力象征，1994年列入《世界遗产名录》。

这里和江户幕府将军德川家康有着极深厚的关系，是1602年德川家康在京都的居城。桃山式武家建筑十分华丽，大广间更是1867年日本转变为现代化国家的关键"大政奉还"的仪式场所。除此之外，这里也是每年赏菊、赏梅的好地方。

● 京都御所

🏠 上京区京都御苑3 ☎ 御所：075-2116364，御苑：075-2116348 🌐 御所根据指定时间参观，御苑自由参观，周末、元旦、节假日、其他例行活动时御所休息 💻 御所：www.sankan.kunaicho.go.jp；御苑：www.env.go.jp/garden/kyotogyoen

京都御所是日本平安时代的政治行政中心所在，也是旧时的天皇住所，从工业781年到1074年一直是天皇的住所。因此，平日必须要提出申请才能参观，但每年樱花和红叶季时，各有一次连续5天不需预约的开放时段。

京都御所的外苑称为"京都御苑"，为一处占地63万平方米的公园，园内结合历史古迹与自然美景，开阔的园内有5万余株包含樱花、枫树、银杏等林木，千余株春樱也使这儿成为赏樱名所之一。御苑内的樱花主要分布在前往御所的参道上，黝黑厚重的墙垣，更凸显粉白樱花的优雅姿态。

● 北野天满宫

上京区马喰町　075-4610005　夏季 5:00—18:00，冬季 5:30—17:30　宫内免费；宝物殿（每月 25 日、1 月 1 日、12 月 1 日、4 月 10 日—5 月 30 日、梅花与红叶季节）成人 300 日元；梅苑（约 2 月初—3 月中开放）成人 600 日元　www.kitanotenmangu.or.jp

特惠推荐

北野天满宫、太宰府天满宫、防府天满宫并称为"日本三大天神"，其建于 949 年，主殿入口大门于 1845 年重建。北野天满宫的主祭神是平安时代的文人学者——菅原道真，他是有名的学问之神，被尊为"学术之神"。

宫内的梅苑则是京都最有名的赏梅所，苑内种植着 2000 多株梅树，2 月下旬盛开时美不胜收，曾让丰臣秀吉赞叹不已。2 月 25 日梅花祭时，上七轩的艺伎及舞伎也会来此参拜。

每月 25 日，北野天满宫都有名为天神市的市集，其中又以 1 月 25 日的初天神和 12 月 25 日的终天神最为热闹。

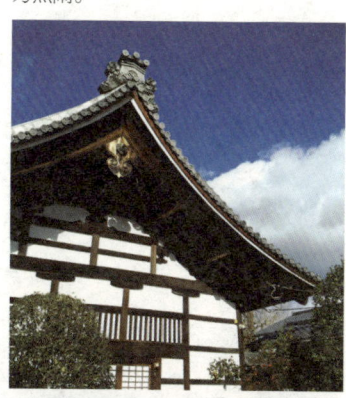

●平野神社

🏠 北区平野宮本町1　☎ 075-4614450　🕐 6:00—17:00（樱花期间开放至22:00）　🌐 www.asahinet.or.jp/~cr8y-httr/hirano/index.htm

位于通往金阁寺路上的平野神社，是平安迁都时桓武天皇移筑自奈良的古老神社，境内植物约有45种400余株品种珍贵的樱花，如魁樱、寝觉樱、手若女樱、平野妹背樱等，花名与花型都各有特色。

每年3月中旬到4月中旬，平野神社就有桃樱率先绽放，因为品种不同，不同时间来便会看到不同品种的樱花绽放。此外，平野神社内还约种植了1500株的紫式部花，每年10月竞相开放。

● 金阁寺

🏠 北区金阁寺町1 ☎ 075-4610013 🕘 9:00—17:00 💴 成人400日元，中、小学生300日元 🌐 www.shokoku-ji.or.jp/kinkakuji

特惠推荐

金阁寺的正式名称为鹿苑寺，因整座寺阁使用金箔贴饰，才有了"金阁寺"这一美名。金阁寺由足利义满于应永四年（1397年）打造，是一座临济宗相国寺派的寺院，为日本室町时代最具代表性的名园。

金阁寺在建筑风格上融合了贵族式的寝殿造型与禅宗形式，三层楼阁的金阁寺位于镜湖池畔，底层为阿弥陀堂法水院，第二层是称为潮音阁的观音殿，最上层则是仿唐室格局的建筑。一只飞舞的金色凤凰矗立在屋顶，十分醒目。四周则是以镜湖池为中心的池泉回游式庭园。天晴之日，金碧辉煌的金阁寺映于水中，倒影摇曳，甚是美丽；每到冬季时，"雪妆金阁"更是令人们向往的梦幻秘景。

昭和二十五年7月2日(1950年)，金阁寺惨遭焚毁，称为"金阁炎上事件"，现在所看到的金阁寺是昭和三十年（1955年）所重建，30年后再贴上金箔复元的。三岛由纪夫以此事件为背景，写成了著名的《金阁寺》一书。

● 龙安寺

🏠 右京区龙安寺御陵下町 13　☎ 075-4632216　🕐 8:00—17:00（12月至次年2月 8:30—16:30）　💰 成人 500 日元，中、小学生 300 日元　🌐 www.ryoanji.jp

　　龙安寺以枯山水石庭闻名，具有浓郁的日本风情，其创建于室町时代的宝德二年（1450年），是一座临济宗妙心寺派的寺院，已被列入《世界文化遗产名录》。

　　石庭长30米，宽10米，以白色矮土墙围绕。庭中没有一草一木，白砂被扫成整齐的平行波浪，其中搭配了15块石头。据说，无论从什么角度看，一次只能看到14块石头，只有开悟的人才会看到15块。而如果站在廊下面向外面看的话，石头从左到右以5、2、3、2、3的排列组合设计，象征着浮沉大海上的岛原。白砂、苔原与石块，单纯而简洁的组合被誉为禅意美感的极致。这座石庭也可从佛教的角度来观览，以无垠白砂代表汪洋、以石块代表浮沉人间及佛教中永恒的蓬莱仙岛。方寸间见无限，就是枯山水的最高境界。

● 仁和寺

🏠 右京区御室大33　☎ 075-4611155　🕘 9:30—16:30(16:00 停止售票)
💴 高中生以上500日元，中、小学生300日元（赏樱价格另计）。灵宝馆500日元

在日本曾有数位天皇退位，遁入佛门后，在仁和寺执行"法皇"（佛皇）的政务权利，因此仁和寺又有"御室御所"之称（御室为僧坊，御所则是天皇居所之意）。它同时也是日本真言宗御室派总寺，在宗教上地位甚高。基于以上两个原因，仁和寺的建筑规模宏大，庭园优美，在寺院建筑上，享有最高格式之名，在1995年被列入《世界文化遗产名录》。

寺庙为光孝天皇于仁和二年（886年）所建，于宇多天皇仁和四年（888年）落成，后来在应仁之乱中不幸全数烧毁，直到江户时代的正保三年（1646年）才重建完成，当时将京都御所内的紫宸殿、清凉殿迁移至仁和寺，分别为金堂和御影堂。除了古典的五重塔、仁王门外，仁和寺内的法皇御室建筑更是优雅美丽，包括宇多天皇的御室、唐门、宸殿、灵明殿、白书院和黑书院等。宸殿内庭园景色最佳，洁净的白砂铺地，并用竹耙修划成线条简洁的川流状，筑山、池泉、雅松翠柏等点缀其间。在寺内的灵宝馆还藏有阿弥陀三尊像、孔雀明王像、弘法大师的真迹漆画等文物。

另外，仁和寺的樱花也十分有名。这里的花期比京都市内晚10~14天，因此有"京洛最后的花见"的称号，京都俗谚说"清水寺花落，正是仁和盛开时"。

● 野宫神社

🏠 右京区嵯峨野宫町1 ☎ 075-8711972 🕘 9:00—17:00 🌐 www.nonomiya.com

以黑木鸟居闻名的野宫神社，据说是《源氏物语》中六条御息所之女要前往伊势神宫担任斋宫时途中的住所。野宫神社与伊势神宫相同，都是供奉着被视为是日本皇室先祖的天照大神。现在每年10月的第三个星期日，这里将举办"野宫神社例祭"，重现了当时的仪式。

野宫神社还以金榜题名与缔结良缘著称，因而吸引了众多学生与年轻女性，可说是嵯峨野香火最盛的神社。

● 常寂光寺

🏠 右京区嵯峨小仓山小仓町3 ☎ 075-8610435 🕘 9:00—17:00（16:30 停止售票） 400日元 🌐 www.jojakko-ji.or.jp

　　这座以红叶和多宝塔闻名的古寺位于小仓山麓，是一座日莲宗寺院。"常寂光"这个寺名也饶富禅意，出自佛典，是天台四土之一，意为佛教的理想境界。而寺院四周是静寂葱郁的绿林，与寺庙名字的禅意相吻合，遥想当年开山僧人即是看上这片幽僻，才选作隐居修行之地。

● 清凉寺

🏠 右京区嵯峨释迦堂藤の木町 46 ☎ 075-8610343 🕘 9:00—16:00，4、5、10、11月开放至 17:00 💴 400 日元

清凉寺又称为嵯峨释迦堂，是嵯峨野的名刹之一，主要有仁王门、本堂（释迦堂）、阿弥陀堂等建筑。目前的释迦堂重建于元禄十四年（1701年），里面收藏有佛具、佛画等宗教文物，其中最珍贵的是一尊木造的释迦如来立像，这尊来自印度、经中国传至日本的佛像，眼睛以黑珍珠镶嵌而成，耳内饰有水晶，昭和二十八年发现佛像内部有绢制的五脏六腑，一度成为佛教界的轰动话题。这尊释迦如来，只有每月8日与春（4、5月）、秋（10、11月）两季才会对外开放，供游人参观。

● 大觉寺

🏠 右京区嵯峨大泽町 4 ☎ 075-8710071 🕘 9:00—17:00（16:30 停止售票）💴 成人 500 日元，高中以下学生 300 日元（名宝展期间各加 300 日元）🌐 www.daikakuji.or.jp

大觉寺是由平安时代嵯峨天皇的离宫改建而成的寺院。到了镰仓时代，接连几位天皇都习惯在此处理院政，因此后人也称此地为"嵯峨御所"。由于这里无须预约，随时可以体验手抄佛经，又被称为"抄写佛经的道场"。

大觉寺有宸殿、御影殿、正寝殿、五大堂等建筑，以回廊步道相连，其中宸殿是后水尾天皇由宫中移筑而来的寝殿建筑。寺内有一泓仿照中国洞庭湖建造而成的大泽池，是日本最古老的庭院池，也是春天的赏樱名所。每年9月中旬月圆时分，还有月见大会在这里举行。

●上贺茂神社

🏠 北区上贺茂本山339　☎ 075-7810011　🕗 8:30—18:00，本殿10:00—16:00　🎫 门票免费，本殿500日元　🌐 www.kamigamojinja.jp

特惠推荐

　　上贺茂神社又称贺茂别雷神社，位于鸭川上游，建于678年，是京都最古老的神社，已被列入《世界遗产名录》。朱红色的漆墙、桧皮茸的屋顶，庄重典丽的气质，流露出平安时代的贵族气质。上贺茂神社的祭神贺茂建角身命，是平安时期阴阳师贺茂一族之祖，神社位置在古代风水学上，正好镇守在平安京的鬼门之上。

　　春暖花开时，参道旁的枝垂樱如瀑布般流泻而下，周围的草坪正好成为野餐的好地点。这里也是举行传统神事活动最多的地方，每年5月5日举行传统行事"贺茂竞马"，穿着平安时期贵族服饰的人们策马狂奔，是一年一度的精彩盛事。5月15日，这里举行的"祭奠"为京都三大祭典之一。9月9日，又会举行乌相扑神事等。

● 伏见稻荷大社

伏见区深草薮之内町 68　075-6417331　www.inari.jp

建于 8 世纪的伏见稻荷大社，主要祀奉保佑五谷丰登、生意兴隆、交通安全的稻荷神。伏见稻荷大社还是全日本四万多座稻荷神社的总本社，由此可见香火之盛。

日文中的稻荷是狐狸的意思，在伏见稻荷大社内，随处可见口中叼着稻穗、谷物、书卷等物品，围着红围兜的狐狸石像，一般日本神社常见的石狮子，到了这里也成了狐狸的造型。这些狐狸神像姿态、表情都各有不同，相当有趣，是这里的一大特色。

伏见稻荷大社最有名的景观是千本鸟居，在大社的入口矗立着 1589 年丰臣秀吉捐赠的大鸟居。鸟居原是象征人界与神界之间的结界，而从江户时代开始，伏见稻荷大社就开始有奉纳鸟居的习惯，目前稻荷大社境内约有一万座的红色鸟居，其中以本殿通往奥殿的一段最为密集。这段被称为"千本鸟居"的甬道已经成为京都最具代表性的景观之一，在电影《艺伎回忆录》中也曾出现过。过了千本鸟居，一路还是有无数鸟居，或密或疏地往大社后方的稻荷山，连绵的气势，震撼人心，但都没有千本鸟居出镜率高。

● **醍醐寺**

🏠 伏见区醍醐东大路町 22 ☎ 075-5710002 🕐 三宝院 9:00—17:00，11 月至次年 2 月至 16:00；上醍醐 9:00—16:00，11 月至次年 2 月开放至 17:00（三宝院关闭前 30 分钟停止售票，上醍醐关闭前 1 小时停止入场）💴 三宝院、上醍醐均为成人 600 日元，小学生以下免费 🌐 www.daigoji.or.jp

醍醐寺是日本佛教真言宗醍醐派的总寺，相传由日本真言宗开宗祖师空海大师的徒孙圣宝理源大师始建于 874 年。醍醐寺开创后，醍醐、朱雀、村上三位天皇，都曾在此皈依，后经不断扩建，形成如今规模，于 1994 年被列入《世界文化遗产名录》。

寺庙依照山势而建，山上部分叫作上醍醐，山脚部分叫作下醍醐。寺内约有 80 座建筑物，许多都是国宝级古迹。其中建于天历五年（951 年）的五重塔，是京都最为古老的建筑物。而寺庙山门右侧的三宝院，是代表丰臣秀吉桃山时代的重要宝藏。

樱花开放时节正是醍醐寺最精彩的时候。700 余株粉色垂帘般的枝垂樱，簇拥着塔楼、石板路，更有种别处少见的壮丽气势。醍醐寺每年 4 月第二个星期日举行的赏樱大会，是昔日丰臣秀吉举行的"醍醐赏樱"会，直到今日，后人仍然遵循古礼，在这一天穿着桃山时代的服装，模仿 1598 年 3 月 15 日那天，在醍醐寺内举办的花见游行。

● 东福寺

🏠 东山区本町 15-778 ☎ 075-5610087 🕘 9:00—16:00（15:30 停止售票），方丈庭园 12月31日、1月1日休息 💴 开山堂、通天桥：成人 400日元，学生 300日元 🌐 www.tofukuji.jp

建于1239年的东福寺，是"京都五大寺院"之一，原本兼学天台、真言和禅等宗派，经历多次火灾后，现在则属禅寺，为临济宗东福寺派的大本山。

东福寺占地面积达20万平方米，整体建筑体现了禅宗风格，全寺有25座塔，并拥有日本最古老的山门和方丈建筑。方丈内苑八相庭是重森三玲在1938年的作品，也是近代禅宗庭园的代表作，东西南北各有巧妙的庭园配置。例如北庭，以方正的块状石组与同样形状的绿苔拼组而成，秋日苔石之上枫红似锦，春天则有粉红杜鹃相互配搭，色彩缤纷而和谐。

东福寺是京都著名的赏红叶胜地，通往开山堂的通天桥和洗玉涧，数千株的枫树，火红遮天，景色宜人。

● **宇治上神社**

京都府宇治市宇治山田 59 ☎ 0774-214634 ⓒ 8:00—16:30

宇治上神社被高大树林所环绕，境内十分肃穆朴静，充满浓浓的古风。神社位于与治川东岸，与另一座世界文化遗产——平等院，正好隔川相对，因为宇治上神社正是镇守平等院的神社。

神社建筑包括本殿、拜殿、春日神社等建筑，其中，规模最大的本殿里头，并排着三间内殿，形式特殊，也是最早期的神社建筑样式。依据年轮鉴定，这间本殿建筑的年代可以追溯至公元 1060 年，也是现存最古老的神社建筑。

●平等院

京都府宇治市宇治莲华 116　0774-21-2861　8:30—17:30(售票至 17:15)，凤翔馆至 17:00　成人 600 日元，高、初中生 500 日元，小学生 300 日元。凤凰堂 300 日元　www.byodoin.or.jp

位于宇治川南岸，首建于公元 998 年的平等院，是平安时代权倾一时的藤原道长别庄，当时的规模，占了今日宇治市一半以上的面积。

别称"凤凰堂"的平等院，呼应着平安贵族追求极乐净土的思想。置奉着阿弥陀如来的阿弥陀堂堂内，除了神情慈祥庄凝阿弥陀如来像，还有 11 世纪所做的 51 尊云中供养菩萨像，这些菩萨像雕刻线条优雅流畅、细致精美，也是 11 世纪的佛像中唯一留存至今的宝物；现在置放在凤翔馆中展出。阿弥陀堂的中堂脊沿上置放了两尊展翅高飞的金铜制凤凰像，彰显堂体的脱凡出圣。

由阿字池前方望向平等院，能见到两翼对称延展的凤凰堂的倒影映在池上，周围围绕着银白的沙滨与卵石，背面借景宇治川与对岸山峦，为平安时代典型的净土庭园，它的式样也对日后日本寺庙庭园产生了一定程度的影响。

平等院境内的凤翔馆，是收藏重要寺宝的博物馆，现代而低调的建筑，和平等院气氛相当协调。这里除了可以近距离欣赏到云中宫养菩萨、梵钟、凤凰等重要国宝，还运用数字的方式，展示出千年以前凤凰堂内部的鲜艳色彩，当年的富丽堂皇对照今日的陈旧素朴，更令人感受到岁月的流逝。

● 三室户寺

京都府宇治市莵道滋贺谷 21　0774-212067　8:30—16:00（11月至次年3月），8:30—16:30（4～10月）　成人500日元，中、小学生300日元

三室户寺是奈良时代开创的观音名寺，也是西国三十三所之一，参拜信徒因此络绎不绝。馆内收藏的佛像、佛画也为数不少，以藤原时代的作品居多，并有日本最古老的清凉寺式释迦如来立像。

寺里拥有五千坪桧木林立的宽阔庭园，种植有近30种、约一万株的紫阳花，在梅雨季时争相绽放，十分美丽。此外，五月时多达两万株的杜鹃花，七月的荷花及秋天的红叶也相当著名。

● 黄檗山万福寺

京都府宇治市五ヶ庄三番割 34　0774-323900　9:00—16:30　成人500日元，中、小学生300日元　www.obakusan.or.jp

万福寺由中国明朝高僧隐元禅师所创建，整座庙宇充满中国明朝的韵味；而自隐元禅师开山以来，陆续还有十三代的住持也都是由中国的明朝渡海而来，寺里的斋饭素食"普茶料理"也十分具有中国情调。

万福寺的回廊上悬吊着一个巨大的鱼梆，造型朴拙，是寺里用来通报时辰的工具，也用来提醒寺里修行者，不可一日怠惰散漫。

141

● 宇治市源氏物语博物馆

京都府宇治市宇治东 45-26 0774-399300 9:00—17:00(售票至 16:30)，周一（遇假日顺延）、12月28日至次年1月3日休息 成人500日元，小孩250日元 www.uji-genji.jp

宇治市立的源氏物语博物馆，巧妙运用多媒体声光效果，重现了华美绮丽的平安时代。

一走进馆内，首先印入眼帘的是超大幅屏幕、唯美的画面、流畅的乐音，让人立刻沉醉在情深意美的意境中；为数不多的展示室中，有与宇治十帖相关的文物、模型与浅显易懂的说明，让一般人也能更接近书中的世界。除了静态展示，源氏物语博物馆还请日本知名导演筱田正浩拍摄了一部30分钟的影片《浮舟》。

● 福寿园宇治工房

京都府宇治市宇治山田10番地　0774-201100，201166　10:00—17:00，周一休息　www.ujikoubou.com

老字号茶铺福寿园在宇治开设了兼具文化体验、茶寮、茶室与茶店的多重空间。除了提供包括制作抹茶、煎茶、手制茶等体验之外，二楼的茶寮提供各种茶品、甜点及以茶为主角的创意料理，店员还会亲切告知点茶的客人如何泡出美味的日本茶。一楼的商店贩卖有福寿园的各种茶叶，还有隔壁的老窑元朝日窑所烧制出的美丽茶器。

● 中村藤吉本店

京都府宇治市宇治壹番10　0774-227800　11:00—17:00　www.tokichi.jp

创业于1859年的中村藤吉为宇治茶的老铺，光是店铺本身就能令人感受到浓浓古风。平等院店里除了提供各式茗茶外，也有内用的茶席，茶制的甜品尤其有名。包括摆盘精致的抹茶冰激凌、口感香气俱佳的抹茶厥饼等都很受欢迎，不过明星商品当属装在竹筒里的抹茶，竹筒里盛装着白玉团子、抹茶果冻、抹茶冰激凌和红豆等，不但视觉华丽，吃起来也很美味。

● 伏见桃山城

伏见区桃山町大藏45　075-6115252　9:30—17:00（冬季到16:30），12至次年2月的周四、12月31日休息　成人800日元，高、初中生600日元，儿童500日元

原由丰臣秀吉所建，用来夸耀其丰功伟迹的伏见桃山城，虽然是日本城廓史上数一数二以豪华炫丽著称的城堡，却也逃不过因丰臣一家衰败而走上毁城的命运。

今天的桃山城，共有大小两座天守阁，是在1942年重建的，全栋都是钢筋水泥的构造，建筑虽无古意，但有历史典故的加持，倒也不失为展望整个京都的好去处。

同时，也是因为当年有宏伟的伏见桃山城在此，才带动了邻近伏见市街的整体发展。

143

● 月桂冠大仓纪念馆

🏠 伏见区南浜町247 ☎ 075-623-2056 🕘 9:30—16:30(接待处至16:00)，中元节、日本新年休息 💰 成人300日元，初、高中生100日元（附月桂冠纯米酒或其他小礼物）
🌐 www.gekkeikan.co.jp

已有将近四百年历史的清酒知名品牌"月桂冠"出身伏见，在1987年，月桂冠将过去的酒藏建筑开放为月桂冠大仓纪念馆，建筑本身历史悠久，是京都市指定的有形民俗文化财。连栋的木造建筑内，可以看到传统藏元里的各种设备与用具、昔日酒藏的照片和月桂冠历年来的海报、酒瓶包装等，在出口处还提供3种月桂冠的酒类试喝。如果有中意的商品，也可以到入口旁的商店购买。

小贴士

月桂冠的酒藏月桂冠酒香房就在大仓纪念馆旁，在冬季制酒期也有开放见学参观，须在前一天电话预约。

● 寺田屋

🏠 伏见区南浜町263 ☎ 075-6220243 🕘 10:00—15:40，日本新年休息，周一不定休 💰 成人400日元，高、初中生300日元，小学生200日元，幼儿不可入场

寺田屋是幕末志士们定宿的旅馆，除了1862年的寺田屋骚动外，知名的寺田屋之变也以这里为舞台。1866年，伏见的警方偷袭在寺田屋留宿的阪本龙马，幸好龙马情人阿龙的机警，才使他逃过一劫。现在的寺田屋仍是旅馆，但当年阪本留宿的房间"梅之间"则有开放参观，墙上的刀痕弹孔，仿佛诉说着当年的激战。寺田屋前的商店街龙马通上，则有贩卖龙马相关的各种纪念品。

● **御香宫神社**

伏见区御香宫门前町 174 ☎ 075-66110559 ⓢ 9:00—16:00，庭园不定休 ￥ 免费，庭园 200 日元 🌐 www.kyoto-jinjacho.or.jp/shrine

原本名叫御诸神社的御香宫神社，因为在贞观四年（862年）境内忽然涌出了香气四溢的"御香水"而得名。喝起来甘甜柔软的御香水，据说能治百病，因此在神社里常能见到排队取水的日本人。

御香宫神社的祀神是神宫皇后，是以保佑安产闻名的神社。大殿前有虔诚祈祷的年轻夫妻，也有带着小婴儿来接受祝福的家族。另外，神社也幸运逃过战火，保留下来的表门和本殿，能令人感受桃山文化的绚丽风华。

● **鞍马寺**

左京区鞍马本町 1074 ☎ 075-7412003 ⓢ 9:00—16:30（灵宝殿到 16:00），灵宝殿冬期的周一休息 ￥ 木之根道的爱山费 200 日元、灵宝殿 200 日元 🌐 kuramadera.com

鞍马山中的鞍马寺，春天有樱花迎风飞舞，秋天则有层叠红叶染红山头；因为是源义经少年时代的修行地及天狗出没的传说闻名。境内包括转法轮堂、寝殿、本殿、童形六体地藏尊等。本殿内的灵宝殿，收藏许多佛教美术品与名歌人谢野晶子遗物、鞍马山动植物标本。

鞍马寺后山的木之根道连接鞍马与贵船，沿途有不少小殿、寺庙，以及与源义经传说相关的地点。山里的气氛十分悠静，走完全程大约需要一个半小时。

● **贵船神社**

左京区鞍马贵船町 180 ☎ 075-7412016 ⓢ 6:00—18:00 🌐 kibune.jp

贵船神社的所在地即为鸭川的源头，奉祀的正是京都人崇敬的水神。每年7月7日这里举行的贵船水祭，都有造酒业、料理店、和果子屋等与水相关的行业参加。神社最受欢迎的就是"恋爱灵泉占卜"，200日元就可抽张签诗，再将签诗浮在水上使占卜结果显现。

● 高山寺

🏠 右京区梅ヶ畑栂尾町8 ☎ 075-8614204 🕘 9:00—17:00 💴 红叶期间成人400日元、小学生200日元，石水院成人600日元、小学生300日元

高山寺建于宝龟五年（774年），寺庙为高大挺拔的杉林和枫树所环抱，是处遗世独立的佛家清修之地，秋天枫叶转红之际则是京都著名的红叶名胜。原寺在经历荒废后，经由镰仓时代的明惠上人之手而得到复兴。当时的后鸟羽天皇皈依在明惠上人门下，一时贵族们纷起效尤，惹得深山奥林中的高山寺成为人人向往之的时髦求道之所。后鸟羽天皇还特地从京城移筑石水院赠予明惠。

高山寺境内另外还有处古老的茶园，是日本茶的起源地。

● 神护寺

🏠 右京区梅ヶ畑高雄町5 ☎ 075-8611769 🕘 9:00—17:00（售票至16:00） 💴 成人500日元，小学生200日元 🌐 www7b.biglobe.ne.jp/~kosho

神护寺是京都有名的赏红叶山寺，同时也是日本平安时代佛教的起源地，在日本佛教界地位崇高，寺建规模也不小。毗沙门堂前及堂侧各有两大棵枫树，是境内最美的红叶景致；大师堂则为重要文化财，历经七世纪的风霜，依然静谧堂正。

● 三千院

🏠 左京区大原来迎院町540 ☎ 075-7442531 🕘 12月至次年2月8:30—16:30，3月至次年11月8:30—17:00（关门17:30） 💴 成人700日元，初中生400日元，小学生150日元 🌐 www.sanzenin.or.jp

三千院是大原地区的优美古寺，同时为樱花和红叶名所，初夏时分还有3000余株紫阳花绽放，能感受到四季曲折之美。境内有池泉回游室的名庭有清园，并公开不少优雅细腻的雕刻佛像和绘画作品，如国宝的阿弥陀如来连坐像，背后精致优雅的船型光芒，就十分值得细观。

● 寂光院

🏠 左京区大原草生町 676 ☎ 075-7443341 🕐 9:00—17:00 💴 高中以上 600 日元，初中生 350 日元，小学生 100 日元 🌐 www.jakkoin.jp

寂光院因为是平家物语的舞台而闻名，建筑包括山门、本堂和书院；造型简朴的古老庵舍上，植树苔藓恣意生长。本堂以奉祀本尊地藏菩萨立像为主，境内植有许多枫树，每年秋天枫叶转红之际，是景色最美的时刻。

● 天桥立

🏠 京都府宫津市自天桥立公园

天桥立与松岛、宫岛并列为日本三景，长达 3.6 千米的白沙滩，以 S 型姿态横跨在宫津湾的西边，沙滩上长满青松，形成蓝绿交织的美景。这儿自古便流传着许多美丽的传说，当地人相信这道长滩是天神所架的桥，因此取名天桥立。

● 延历寺

🏠 滋贺县大津市坂本本町 4220 ☎ 077-5780001 🕐 东塔地区 8:30—16:30，12 月 9:00—16:00，1、2 月 9:00—16:30。西塔、横川地区 9:00—16:00，12 月 9:30—15:30，1、2 月 9:30—16:00（售票至 30 分钟前）💴 成人 550 日元，高、初中生 350 日元。国宝殿另计 🌐 www.hieizan.or.jp

比睿山延历寺位于比睿山山顶、四明岳东北方，是天台宗大本山。天台宗最澄法师在山上苦修 7 年之后，于公元 788 年所建立的延历寺，被视为守护京都的寺院，从传教大师最澄在比睿山上筑草庵传道以来，许多佛教高僧皆出自比睿山，比睿山延历寺就像是佛教的大学讲堂，一千二百多年来无数僧人受教求道于此，在下山开宗立派、修道结庵。

其实比睿山上并没有一座叫作延历寺的建筑，而是所有比睿山上的庙宇堂塔都表示为延历寺，深山自然、诸堂庙亭、修行僧人与求道来访之人，都是延历寺伽蓝的一部分，也就是万物皆有佛性、遍地即为伽蓝。

比睿山建筑群可分为称作"三塔"的三大区域，分别为东塔、西塔和横川。东塔是延历寺的发祥中心，总本堂的根本中堂、大讲堂、阿弥陀堂和戒坛院等都坐落于此，一般游客也都是以东塔为参观重点。

平安时代末期，延历寺势力达到最高峰，当时山上总共建有 3000 坊。到了南北朝战国时代，政经大权在握的延历寺僧侣被视为扰动政权的根源，公元 1571 年织田信长征讨此地，放火焚毁所有寺院建筑，直到 17 世纪，比睿山延历寺才得以重建。

3 特惠游 奈良
DAY6

3.1 如何特惠从京都到奈良

京阪电铁：可由京都车站搭乘京阪电铁京都线，于奈良站下车，车票约 620 日元。

JR：可由京都车站搭乘 JR 奈良线至奈良站下车，车票约 710 日元。

3.2 到达奈良的交通方式

关西机场有直达 JR 奈良站的巴士，约 2000 日元。也可搭乘南海电铁（南海ラピート）到达难波后换乘近铁奈良线，约 1400 日元。

3.3 奈良区内交通

奈良市内景点都可以步行往返，如果觉得路程太远，也可利用市内的循环巴士进行景点串联。具体情况可登录奈良交通官方网站 www.narakotsu.co.jp 查询。

3.4 奈良特惠酒店

● 奈良酒店
- 奈良县奈良市 1096
- 0742-263300
- 14500 日元

于 1909 年开业时，兼具日式和西式风格的老饭店，日本著名的五星级酒店。距离奈良公园东大寺和春日大社大约 1 千米，可以观看兴福寺五重塔在荒池中的倒影，很舒适。

● 鹿园酒店
- 春日野町 158-5
- 0742-817222
- 6500 日元

位于奈良公园内的一家家庭式旅馆，周围环境优美，有些房间推开窗户就能看到可爱的小鹿。酒店二楼设有咖啡厅，提供餐饮服务。

● **奈良背包客宾馆**
🏠 Yurugi-cho 31
☎ 0742-224557
¥ 2417 日元

旅馆在一个居民区内，是一座有着百年历史的日式传统建筑，距离奈良公园仅 200 米。宾馆房间干净整洁，厕所和洗浴是公用的，庭院旁是客厅，可以直接看到庭院里的景物。

3.5 如何在奈良挑选当地美食

春日荷茶屋

🏠 奈良是春日野町 160　☎ 0742-227788　🕐 10:00—16:00，周一休息　¥ 万叶粥 1050 日元

位于春日大社神苑门口的春日荷茶屋，是由春日大社直营的茶屋，从江户时期营业至今。除了各种季节点心外，春日荷茶屋更以奈良的乡土料理"万叶粥"闻名。选用季节植物作为材料所煮成的粥，每个月份都会调整口味，例如 1 月就供应日本 1 月的传统吃食"七草粥"，是用 7 种春天的草煮成，7、8 月是冷粥，10 月则是栗子粥；口味则以清新淡雅见长，相当美味。

3.6 如何在奈良购买特惠商品 SHOPPING 指南

吉田蚊帐

🏠 奈良市芝新屋町 1　☎ 0742-233381　🕐 9:00—18:00　¥ 彩色抹布（ならまちふきん染）360 日元　🌐 www.naramachi.com

经过奈良町中心的转角处，很难不被吉田蚊帐充满古意的可爱门帘和大大的吉田蚊帐四个字所吸引。这家蚊帐专卖店创立于大正十年（1921 年），以麻为主原料、手工染色的门帘、蚊帐、杯垫、抹布等，颜色轻轻柔柔，令人联想到凉爽舒服的夏天。

3.7 1天游奈良必去的特惠景区

● **奈良公园**

奈良市春日野町外 　0742-220375 　免费。若草山每年春、秋两季 9:00—17:00 若草山入山费中学生以上150日元，3岁以上80日元

www.pref.nara.jp/narakoen

特惠推荐

从近铁奈良车站出站开始，就正式进入了奈良公园的范围。沿着宽4千米、长2千米的公园绿地一路延伸，世界遗产建筑物如东大寺、兴福寺、春日大社都坐落其中，还有1200只可爱的奈良鹿，在树林、草地和古迹间自在穿梭。

奈良公园里的飞火野，在冬日清晨都有名为"鹿寄せ"的喂鹿活动，可以看见鹿群伴随着爱鹿协会会员的号角声，由林里成群奔出的场景。公园最西端则有若草山和春日山原始林；若草山以冬日烧山的传统活动闻名，平日可由若草山顶俯瞰奈良市景，位于春日大社后方的春日山则是昔日神域，留有古老而完整的原始森林也被列入《世界遗产名录》之一，沿春日山游步道绕行一周约2小时。

● 猿泽池

🏠 奈良市登大路町 49

猿泽池为兴福寺的放生池，以池水与柳枝为前景，眺望不远处的五重塔，以及池中的五重塔倒影，是奈良代表性的名景之一。由于在古刹旁，这座池自古就有很多传说。例如，池底住有海龙王，曾有失宠嫔妃在此投水自尽而成为采女祭的由来；还有所谓的猿泽池七不可思议等。池内住着不少鲤鱼和青蛙，环湖也置有长椅，让行人小憩。

● 奈良博物馆

🏠 奈良市登大路町 50 ☎ 0742-227771 🕘 9:30—17:00(售票至 16:30) 周一，不定休 ¥ 成人 500 日元，大学、高中生 250 日元 🌐 www.narahaku.go.jp

奈良博物馆是日本唯一的佛教博物馆，收藏有以日本为主，还有来自中国、韩国等各国的佛像艺术作品。除了每年秋季的正仓院展，展示东大寺收藏的秘宝而备受推崇外，平时也有日本的飞鸟至镰仓时代等部分雕刻佛像的杰出作品常设展出，相当值得一看。

博物馆 B1 的纪念品店与书店，陈列相当多的文化史、美术史相关书籍，也有美术馆以馆藏为中心，设计的可爱独家商品。

● **正仓院展**

🏠 奈良市东大寺大佛殿

公元 756 年，圣武天皇的皇后——光明皇后为了替已过世的圣武天皇祈福，将其生前的各式用品及各式宝物不断进奉给东大寺大佛，至今都完好如初地收藏于东大寺的宝物库正仓院内。

由于奈良时代的日本，大量吸收当时中国的盛唐文化，因此正仓院内的各式收藏都沾染着浓厚的中国色彩；又由于唐朝本身也大量吸纳印度、伊朗、希腊罗马甚至埃及等地的文化，使得正仓院宝物也随之呈现多样化的国际色彩。

正仓院收藏中最具代表性的有螺钿紫檀五弦琵琶、鸟毛立女屏风、白琉璃碗、黄金珠玉庄严犀角如意及日本现存最古老的户籍文书等。这些宝物，都只在每年一次的秋季正仓院展中展出。

● **奈良市写真美术馆**

🏠 奈良市高畑町 600-1　☎ 0742-22-9811　🕘 9:30—17:00(入馆至 16:30) 周一，12 月 27 日至次年 1 月 3 日　¥ 成人 500 日元，大学、高中生 200 日元，初中、小学生 100 日元　🌐 www.kcn.ne.jp/ ~ naracmp

奈良市写真美术馆是为了纪念终其一生不断以奈良（大和路）为摄影素材的摄影家——入江泰吉所设立的。馆内展出入江泰吉、奈良与自然风土相关的摄影作品，除了单纯描述古迹风景之外，更蕴含着人文关怀、对文化的追溯及奈良风土的再创造；美术馆建筑本身也是与周遭自然、与奈良氛围相互调和的具体实现。

● 兴福寺

🏠 奈良市登大路老街 48 ☎ 0742-227755 🕘 国宝馆、东金堂 9:00—17:00(售票分别至 16:30 和 16:45) 💰 国宝馆 500 日元，东金堂 300 日元 🌐 www.kohfukuji.com

兴福寺为飞鸟与奈良时代权倾一时的藤原家家庙，境内包括北元堂、南元堂、东金堂、五重塔和国宝馆，以及正在进行复原中的中金堂等。尽管建筑大多历经战火，为 15 世纪所重建，但国宝馆和东金堂内却保有不少古老的佛像，值得一观。

东金堂内包括本尊药师如来、文殊菩萨等三座佛像，法相庄严，背后的船形光芒金碧辉煌，一旁木造的四天王与十二神将立像，都是镰仓时代的作品，也是日本的国宝。

国宝馆里最有名的要属奈良时代的《三面阿修罗像》，这尊阿修罗像有着略带愁容的少年脸孔，神情与姿态都相当美丽。

另外，兴福寺五重塔兼具奈良时代与中世的特征，高 50.1 米，高度仅次于京都东寺，是奈良最具代表性的建筑物之一。

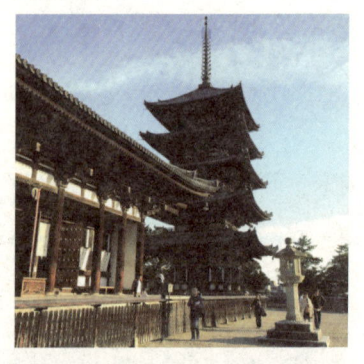

● 东大寺

🏠 奈良市杂司町 406-1 ☎ 0742-225511 🕐 4～9月 7:30—17:30、10月 7:30—17:00、11月至次年 2月 8:00—16:30、3月 8:00—17:00 💰 初中以上 500 日元，儿童 300 日元 🌐 www.todaiji.or.jp

东大寺为奈良时代佛教全盛时期的巅峰之作，起建于天平十三年（741年），在当时是全日本位阶最高的寺庙，现在则是奈良最著名的观光点，大佛尤其有名。

东大寺的大佛是世界上最大的铜造佛像，高达 15 米，头上的发螺，每个都如真人脑袋般大小。大佛工程总共用了三十万的铸造技工、工作人员超过五十万人，而将大佛安顿在莲花座上，总共动用了一百六十万的人力；是公元 8 世纪时，日本的第一大工程。大佛在公元 752 年开眼后，曾经过两度大火，现在看到的大佛头部和上半身是江户时代之后重新修补的，下半身和五十六叶的莲花座，则由建好后流传至今，已有超过 1200 年的历史。

出了大佛殿之后，可以沿着石阶梯抵达较高处的二月堂与三月堂。其中，二月堂以每年的传统节庆"取水祭"闻名，也是眺望奈良市景和大佛殿的好地点；三月堂则收藏了共 16 座古老佛像，其中 14 座佛像天平时代所造。

● **春日大社**

🏠 奈良县奈良市春日野町160 ☎ 0742-227788 🕐 4～10月6:30—17:30，11至次年3月7:00—16:30 💰 本殿特别参拜500日元 🌐 www.kasugataisha.or.jp

春日大社是奈良平城京的守护神社，地位相当崇高。殿内祭奉的神祇鹿岛大明神，相传骑了一年的鹿来到了奈良，奈良鹿也从此以"神的使者"的身份，定居于神社附近。

春日大社的本殿位于高大的树林之间，1.5千米长的参道上，两千余座覆满青苔的石造灯笼并立，充满了古朴氛围。包含四座建筑的春日大社的建筑形式为春日造，也是神社建筑的典型之一。由朱红色的南门进入后，越接近神所在的正殿，朱漆的颜色也慢慢变深；殿内千余座铜制灯笼，在每年2月节分与8月的14、15日都会点亮，充满幽玄的美感。正殿外围也有不少小神社错落林间，气氛宁静。

●元兴寺

🏠 奈良市中院町 11　☎ 0742-231377　🕘 9:00—17:00(售票至 16:30)，本堂和收藏库 12 月 29 日至次年 1 月 4 日　💴 400 日元　🌐 www.gangoji.or.jp

隐藏在奈良老街民家里的元兴寺，是由飞鸟时代苏我氏创建的古寺，也是日本第一座佛教寺庙。元兴寺原本位于飞鸟，名叫飞鸟寺，又称法兴寺，尔后随着平城京迁都而移建到奈良，并改名元兴寺。

境内的僧坊极乐坊屋顶相当特殊，是以名为"行基葺"的古法建成，当中有一小部分据说是从创建之初流传至今的屋瓦，也是日本最早的屋瓦。庭院里则有大大小小的成排地藏像，颇有古意。

●奈良町格子之家

🏠 奈良市元兴寺町 44　☎ 0472-234820　🕘 9:00—17:00 周一，日本新年，节假日隔天休息

以奈良町传统的町家建筑作为蓝本的奈良町格子之家，是个开放空间的参观场所，在这里可以一探奈良老屋里的乾坤，并了解前人生活的样貌。

格子之家的格子指的是建筑外观的木条样式，兼具隐敝性、通风良好、可拆卸等优点，也是当时建筑技术的结晶。狭长的屋内空间，则包括面对大路的店铺、三间房间、中庭庭园、二楼、仓库及天窗，构造相当完整。无论光线的引进与利用、楼梯下方作为鞋柜的箱阶段等，可见前人的生活智慧。

● 唐招提寺

🏠 奈良市五条町 13-46　📞 0742-337900　🕐 8:30—16:30　💴 成人 600 日元、中学生 400 日元、小学生 200 日元　🌐 www.toshodaiji.jp

特惠推荐

　　唐招提寺是奈良与中国最有渊源的结点，因为这座寺庙，是中国高僧鉴真于公元 759 年所辟。唐招提寺的建筑已有千年以上的历史，也真实地保存下了兴建之初的盛唐建筑风格。

　　一走入唐招提寺，首先印入眼帘的就是金堂。素朴广沈的屋顶、大柱并列的回廊，与中国寺庙风格极其类似，简丽明快的线条，更增添大器风范。而屋顶上的鸱尾，同样来自中国，旨在防火消灾。

　　鉴真大师当年来到奈良，最重要的贡献，就是将佛教的戒律介绍给当时刚接触到佛法的日本众生，唐招提寺里的戒坛也因为这层历史，而格外具有意义。

● 药师寺

🏠 奈良市西之京町457　☎ 0742-336001　🕐 8:30—16:30　￥ 500日元

　　药师寺是天武天皇为祈求皇后病情康复而发愿兴建的佛寺。但佛寺尚未完工天武天皇就已过世；由继位的皇后（持统天皇）将其完成。

　　落成于公元698年的药师寺，屡遭战火波及，尤其1528年的大火，更将主要伽蓝，包括金堂、讲堂、中门、西塔等尽皆烧毁，直到近年才开始进行大规模的修复工程，也因此，尽管有着千年以上的历史，药师寺的主要建筑物却是相当簇新。

　　目前，唯一仅存的古建筑是药师寺内的东塔，尽管随着岁月，塔楼略显陈旧，但被赞誉为"凝动的乐章"的塔身，线条依然优美，与崭新的金堂和西塔相对照下，更显出一种朴素的美丽。金堂尽管崭新，里头却藏有不少传承至今的宝物，其中包括三尊飞鸟时期的佛像杰作、白凤时代的圣观音像等，藏品的佛足石则是世界第一枚佛足石。

● 法隆寺

🏠 奈良县生驹郡班鸠町法隆寺山内 1-1 ☎ 0745-752555 ⏰ 8:00—17:00、11月4日至次年2月21至16:30，梦殿救世观音公开瞻仰期间4月11日~5月18日、10月22日~11月23日 💴 成人1000日元、小学生500日元，梦殿1000日元 🌐 www.horyuji.or.jp

法隆寺是世界上最古老的木造建筑物，因而被评定为世界遗产。

法隆寺，意指祈佑"佛法兴隆"，是日本历史上最为人赞誉的政治家——圣德太子所建，也是目前全世界保存的最完整的木造建筑，并且由于时代背景，法隆寺在风格、技法与结构上，都充满了唐朝初期恢宏、简雅的精神。许多在中国境内已无迹可循的古幽之风，在此重现。

法隆寺最初兴建于公元 607 年，但当时的建筑物在大火中毁失，目前所见伽蓝（意指佛教建筑）是在 8 世纪初再次重建的，也就是说，在广达 13 万平方米的法隆寺境内的佛殿、佛塔与金堂等木造建筑群，距今已有 1300 年的历史。

　基本上，法隆寺境内主要建筑属于日本飞鸟时代，并分为东院与西院，东院最主要的建筑为梦殿、西院则是中门、金堂与五重塔。除了木造古建筑，法隆寺近年还兴建了一座大宝藏殿，收藏包括百济观音、梦违观音等珍贵的佛像与日本古文物，如玉虫橱子等。

　东院据传为圣德太子起居所在的斑鸠宫遗址，梦殿中所祭祀的救世观音更据传为模仿圣德太子的模样而塑造的，值得一看。

● 中宫寺

🏠 奈良县生驹郡班鸠町法隆寺北 1-1-2　☎ 0712-752106　🕘 9:00—16:15(10月1日至次年3月20日至15:45)　💴 500日元　🌐 www.chuguji.jp

与法隆寺的梦殿相邻的中宫寺，是圣德太子所创的七寺之一，是太子根据照母亲遗愿而建的寺庙。因为是尼庵（尼姑庵），因此中宫寺入口处的门高较一般寺门矮了些，屋脊上的菊花装饰则是天皇的家徽。

中宫寺的建筑是由过去皇太后的宫殿移植而来，建于种有莲花、住有乌龟的水池之上，象征极乐净土。殿里的菩萨半跏像是飞鸟时代佛像雕刻的最高杰作，面色温柔的菩萨笑容悲悯，轻扶着下巴，仿佛正思考人间疾苦；这微笑也和蒙娜丽莎并列为"世界三大微笑"之一。另外殿里的天寿国绣帐是太子妃在太子去世后，想象着太子在天国的生活而刺绣的作品，是日本最古老的刺绣遗品，尽管年代久远，当时缤纷艳丽的细腻作工仍隐然可见。

● 飞鸟寺

🏠 奈良县高市郡明日香村飞鸟 682　☎ 0744-545156　🕘 9:00—17:15(10月至次年3月至16:45)　💴 350日元

飞鸟寺由苏我一族建于公元598年，是日本第一座佛教寺院，也是日本佛教的原点。里头的飞鸟大佛，是日本最古老的佛像。这尊飞鸟大佛是由金与铜铸成，垂眼凝视，高鼻深目，比起后世的佛像，更能看到印度影响的色彩。

根据考古调查，飞鸟寺当年应该也有正殿、经堂、回廊、迦蓝整备，可惜大多数建筑都已在遗落历史之中，仅有中金堂保留了下来。除了大佛之外，堂内也藏有室町、藤原时代的木雕作品，可以一观。

● 法起寺

🏠 奈良县生驹郡斑鸠町大字冈本 1873 ☎ 0745-75-5559 🕗 8:00—16:30，4～10月至17:00 ¥ 300 日元 🌐 www.horyuji.or.jp/hokiji.htm

比起香火鼎盛规模豪大的法隆寺，法起寺显得遗世清净许多，结构简素的木造三重塔、讲堂坐落在一方清幽的庭园内。

法起寺原名冈本宫，推古十四年（606年）圣德太子在此宣讲法华经，因而改名法起寺，与法隆寺、四天王寺、中宫寺，并称为太子御建立的七寺之一。根据《正仓院文书》和《日本灵异记》记载，法起寺最风光的时候应是奈良时代，后来到了平安时代才纳入法隆寺之下，寺运也逐渐衰微。虽然镰仓时代有修复其讲堂与三重塔，但是室町时代又再度颓圮，进入江户时代后，原建筑就只剩飞鸟时代传下来的三重塔了。

命运多舛的法起寺，在江户时代的延宝六年（1678年），在寺僧真政圆忍的奔走下，修复三重塔，元禄七年（1694年）再建讲堂，并于文久三年（1863年）建立圣天堂，成为法起寺今日所看到的模样。

不只寺内建筑历经沧桑，所属的宗派也一变再变，本来是跟法隆寺相同的真言宗，明治年间成为兴福寺法相宗的小本山，到了昭和年间随着法隆寺圣德宗的开宗，法起寺又成为法隆寺的本山之一。

法起寺内除了已是国宝的三重塔外，还有木造十一面观音菩萨立像，和铜造菩萨立像同属重要文化财。木造十一面观音菩萨立像供奉在讲堂内，透过玻璃窗可以得见；铜造菩萨立像的本尊则已移放至奈良国立博物馆内公开展示。

● 石舞台古坟

🏠 明日乡村岛庄 ☎ 0744-54-4577(明日香观光开发公社) 🕗 8:30—16:45 💰 250日元

飞鸟地区散落着许多谜样的石坟、石雕，其中最著名的就是被列为特别史迹的石舞台古坟。

建于7世纪初的这座古坟，相传是6世纪后半权倾一时的苏我马子之墓，一共由30余块花岗巨岩交迭构成，总重量达2300吨，也是日本最大的石室古坟。至于石舞台的名字，则是由狐狸化身的美女曾在古坟上跳舞的传说而来。

现在参观石舞台，可以沿着大石架成的甬道，进入墓室一观；昔日墓穴的阴沉气氛，早随着观光客的频繁往来一扫而空，唯有每年秋天，彼岸花包围着石舞台古坟灿然盛开，带来奇特的诡谲之美。

● 万叶文化馆

🏠 奈良县高市郡明日香村飞鸟10 ☎ 81-774-54-1850 🕗 10:00—17:30(最后入馆17:00)，周三休息 💰 成人600日元，外国旅客出示护照免费 🌐 www.manyo.jp

建于2001年的现代博物馆——奈良县立万叶文化馆，以日本最古的诗集《万叶集》为主题所设。万叶集里收集了4—8世纪，不同阶层的日常诗歌，除了文字外，更保留了先民们的生活、感受与心情。馆内除复原当时的村落布景、以各种浅显易懂、轻松活泼的方式介绍万叶集的生活和优美性外，也在建馆过程中意外发掘出飞鸟时代的大型工坊遗迹，以及如木简、金、银、铜、铁、漆器等重要文物；其中发现的富本钱钱币被判定为日本最早的钱币，从此改写日本货币史。

● 吉水神社

🏠 奈良县吉野郡吉野町吉野山579 ☎ 0746-32-3024 🕗 9:00—17:00 💰 成人、大学生400日元，初、高中生300日元，小学生200日元 🌐 www.yoshimizu-shrine.com

吉水神社原名吉水院，是金峰山寺的僧房，后来因明治维新时的神佛分离令而改立为神社，曾是丰臣秀吉在吉野山举办花见之宴的地方。

这里流传着与源义经与静御前的凄美故事。源义经是镰仓幕府初代将军源赖朝之弟（十二世纪末），因为功高震主受到猜忌而带着爱妻静御前辗转逃到吉水神社躲藏，因为追兵迫近，源义经必须要往更深的山里躲避，而山上偏偏是修验道的修行圣地，有着女人不准入山的严厉规法，源义经只能忍痛在吉水神社与静御前分离，没想到一别竟成永诀。

神社内目前仍留有源义经的遗物。此外，太阁花见的华美屏风也是极美的艺术收藏。

● **金峰山寺**

🏠 奈良县吉野郡吉野町吉野山 24968 ☎ 0746-32-8371 🕘 藏王堂 8:30—16:30 💴 境内免费。藏王堂 400 日元 🌐 www.kinpusen.or.jp

金峰山寺是修行僧的信仰与修验中心，为修验道的祖师爷役行者在白凤年间（七世纪末）所创，平安到镰仓时代香火鼎盛。

本堂的藏王堂高达 28 米，在木造古建筑中仅次于东大寺大佛殿，里面奉祀着三尊镇坐其中的藏王权现分别代表过去、现世和未来，是日本最大的秘传（秘宝）。

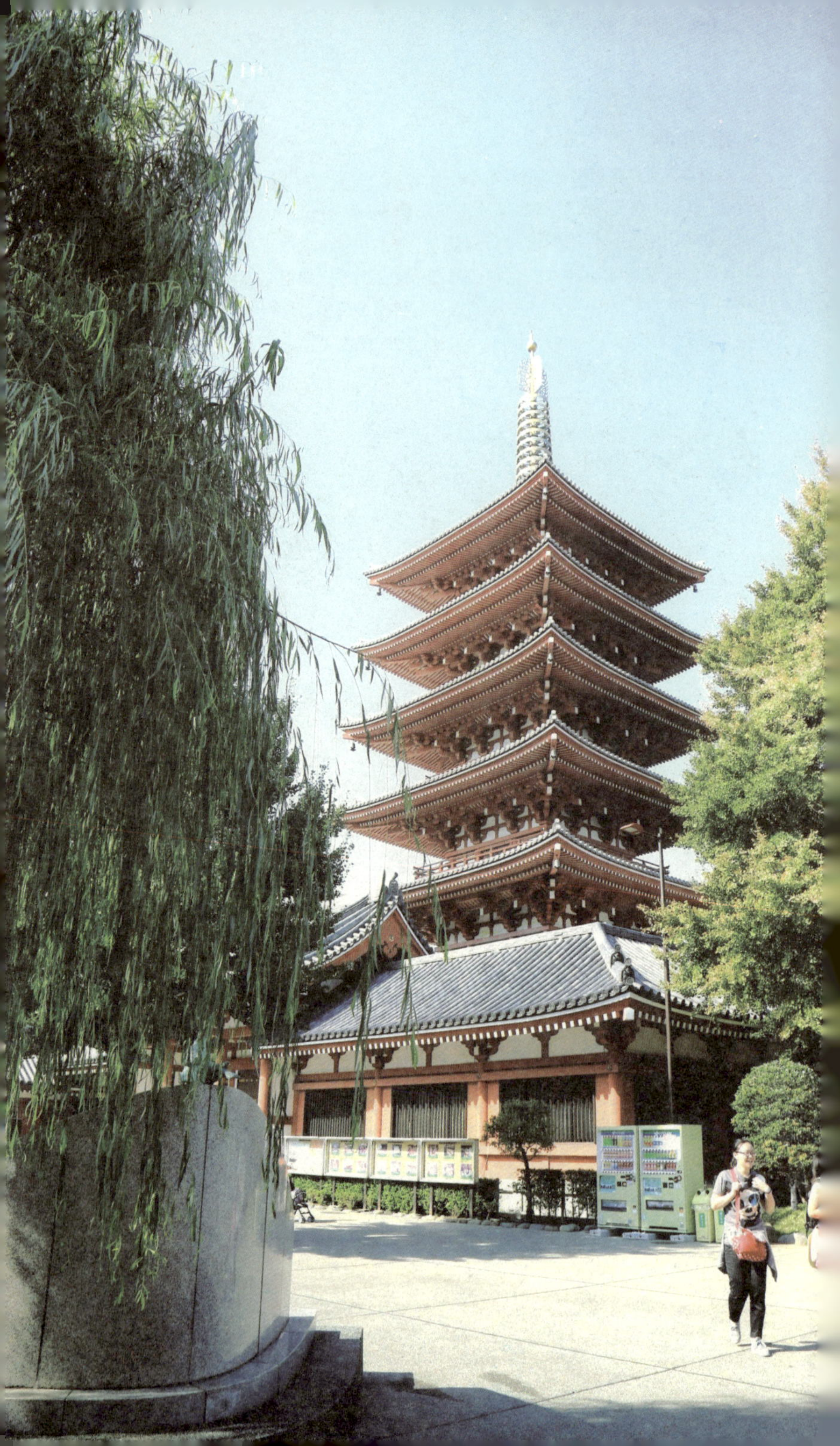

Chapter 5
7天特惠游完美指南

1. DAY1-DAY2 特惠游东京 P168
2. DAY3-DAY4 特惠游札幌 P170
3. DAY5 特惠游小樽 P202
4. DAY6-DAY7 特惠游函馆 P216

东京

DAY1-DAY2

特 惠 游

1

DAY1-DAY2 特惠游东京

1.1 从机场如何到达东京市区
详细内容见 P053

1.2 东京区内交通
详细内容见 P060

1.3 东京特惠酒店
详细内容见 P067

1.4 如何在东京挑选当地美食
详细内容见 P068

1.5 如何在东京购买特惠商品 SHOPPING 指南
详细内容见 P078

1.6 2天游东京必去的特惠景区
详细内容见 P082

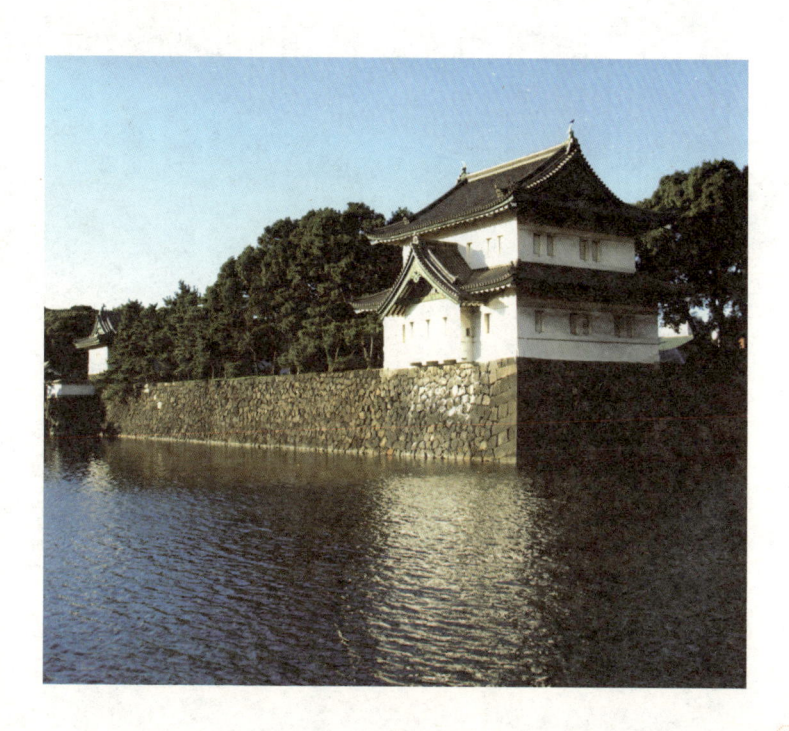

札幌

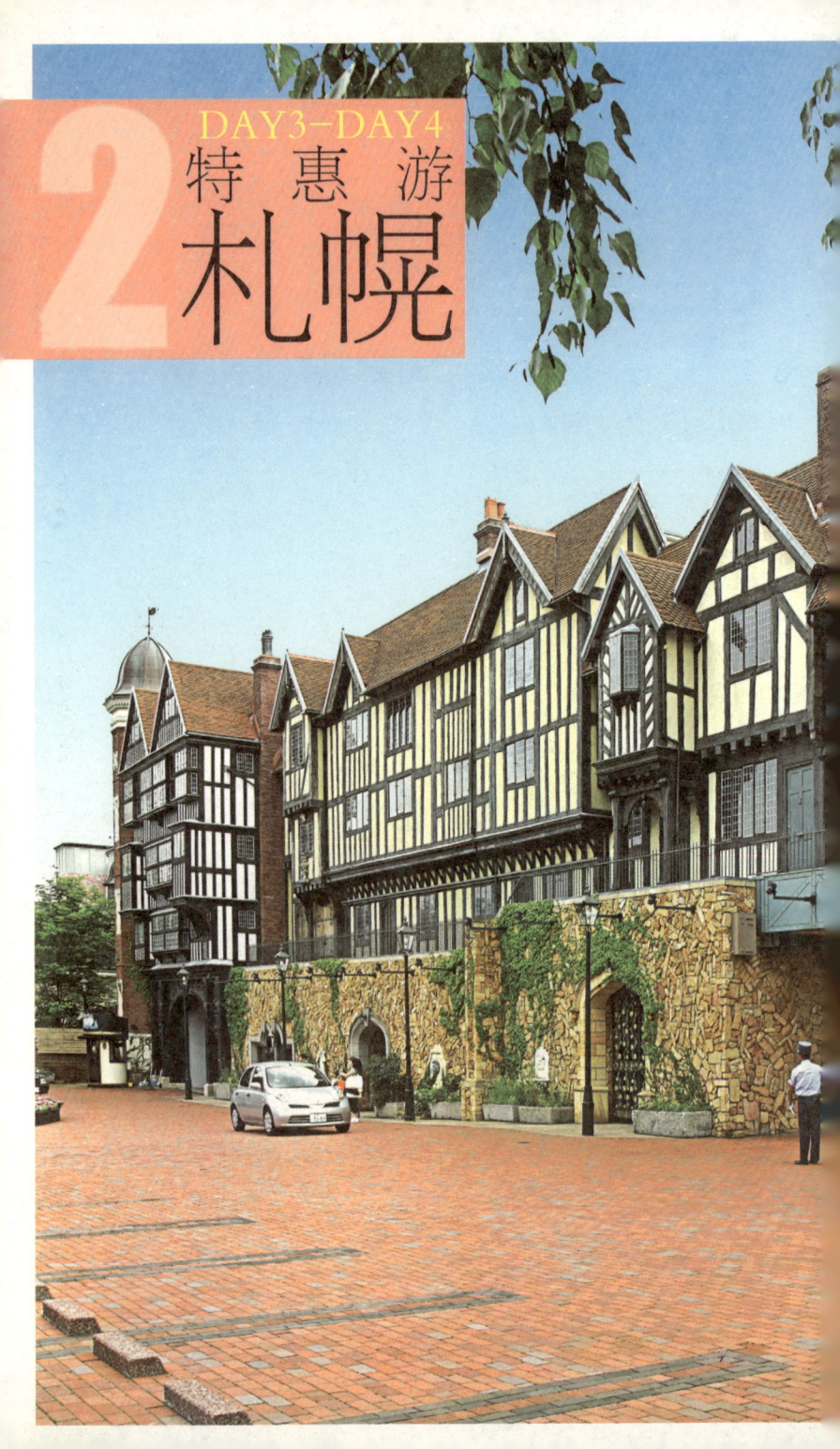

2 DAY3-DAY4 特惠游

2.1 如何特惠从东京到札幌

东京的羽田机场和成田国际机场有直飞札幌的航班，时间大约1小时40分钟。也可以在上野站乘坐JR东日本夜行寝台特急"北斗星"到札幌，每天两班，车程约需16小时，票价根据所选的席位而定，硬卧25270日元，单人包厢36150日元。

2.2 到达札幌的交通方式

如果从中国直接前往北海道，北京跟上海都有班次前往札幌新千岁机场，抵达后，可以运用札幌交通中枢的便利位置，前往北海道其他各处都很方便。

新千岁机场→札幌市区

从新千岁空港搭乘JR千岁线的**エアポート**号（airport号），至札幌站下车，36分1070日元。airport号约每15分钟就有1班车，最后一班由新千岁前往札幌的则是22:50发车。

- **新千岁机场前往各城市**

位居北海道中央偏西地带的新千岁机场，除了前往道央各景点十分方便外，从这里无论是要搭乘JR、巴士或是要租车自驾前往北海道各地也都非常便捷。

- **搭乘巴士**

国内线航站楼及国外线航站楼1楼外为巴士搭乘处，主要以国内线乘车处为主。

出发	目的地	交通方式	乘车时间	价格
新千岁机场	札幌	中央巴士、北都交通	1小时20分钟	1030日元
	登别温泉	道南巴士：高速登别温泉エアポート号	1小时13分钟	1370日元
	支笏湖	中央巴士：支笏湖线	55分钟	1030日元
	定山溪	北都交通、定铁巴士：汤ったりライナー号	1小时40分钟	1650日元
	千岁畅货中心Rera	国内线1号、28号、67号乘车处搭乘接驳车	10分钟	免费
	新千岁机场带广、十胜川温泉	OBIUN观光巴士、北都交通：とかちミルキーライナー（十胜Milky Liner）	带广：2小时30分，冬天2小时45分，十胜川温泉：3小时。	带广3400日元，十胜川温泉3900日元

（夏季及冬季另有开往新雪谷的巴士，夏季由新雪谷巴士（ニセコバス）及中央巴士运行，冬季由道南巴士运行。）

● **搭乘JR**

在新千岁机场国内线航站楼的B1即为JR新千岁空港站，下飞机后不需再花时间到他处转乘，即可搭乘快速舒适的JR。JR新千岁空港站属于JR千岁线，搭乘快速**エアポート**可直达札幌站，1小时约4班，其中2班（9点到19点为4分、34分发车）可直达小樽站、1班（10点到21点为19分发车）直达旭川站（经过JR札幌站后改称为特急**スーパーカムイ**）。

新千岁空港站往各大车站

出发站	交通方式		目的地	乘车时间	价格
新千岁空港站	JR特急（新千岁空港站—札幌站为JR快速）/1天12班		旭川站	2小时	5500日元
	JR快速（エアポート）/1小时4班	南千岁站	JR特急（スーパー）北斗等/1小时1~2班	登别站	1小时	3040日元
			JR特急（スーパー）北斗/1天10班	洞爷站	1小时30分钟	4750日元
			JR特急（スーパー）北斗/1天11班	函馆站	3小时30分钟	7910日元
			JR特急スーパーとかち、スーパーおおぞら/1天12班	带广站	2小时10~30分钟	5860日元
			JR特急スーパーおおぞら/1天7班	钏路站	3小时30分钟	8770日元

2.3 札幌区内交通

札幌市区内的景点以徒步的方式就可到达，像是从札幌车站到大通公园，走路约10分钟，从大通公园走路到薄野（**すすきの**）也只需5分钟的路程，相当便利。要到稍远一点或是郊区景点，就一定得搭乘地铁、市电或是巴士前往，其实札幌的交通网并不太复杂，只要弄清楚较为麻烦的巴士信息，一定能在札幌轻松游玩！

札幌市区交通全攻略

● 主要交通介绍

地铁

札幌市营地铁为全北海道唯一的地铁系统，也是札幌市区最便捷的交通工具，共分为南北线、东丰线与东西线等3条路线，这3条线交会于札幌市最热闹的大通站，而东丰线、南北线和JR则交会于札幌车站，转乘地铁时只要循着路线代表色走即可，十分简单便利。

市电

札幌市电为札幌市交通局所营运的路面电车，在北海道就只有札幌及函馆能见到这种今昔并存的怀旧景色。过去有多条路线运行的札幌市电，如今只剩下3条线，而这3条线彼此串联为一条线路，大部分的车次都会经过全线车站，全程为45分钟。

巴士

札幌市内一般的路线巴士由6大巴士公司所营运，分别为中央巴士、定铁巴士、JR北海道巴士、ban.K巴士、夕张铁道（夕铁巴士）及道南巴士。

JR北海道

在札幌移动主要的交通工具为地铁、市电及巴士，使用JR的机会较少，大概只有在前往较远的百合が原公园或北海道开拓の村时才会搭乘，前者由JR札沼线（学园都市线）搭至百合が原站再徒步，后者可由JR千岁线的新札幌站转乘巴士前往。

● 市电

现存的市电车站皆位在札幌市中央区内，起始站"西4丁目"与"**すすきの**"间只需徒步5分钟，若从地铁南北线转乘，可从大通站徒步到"西4丁目"，或是从到**すすきの**站徒步到"**すすきの**"，只需1分钟左右就可以到达。札幌市电的班次也不是很密集，9点到下午5点间约7～8分钟一班车，但若是平日早上的上班尖峰时刻，"西4丁目"—"西线16条"间约3分钟就有一班车。

搭乘时间

西4丁目→(约8分钟)西15丁目→(约10分钟)西线16条→(约5分钟)中央书馆前→(约7分钟)幌南小学校前→(约7分钟)中岛公园通→(约8分钟)

● 巴士

观光巴士

北海道的中央巴士提供多国语音的观光导览系统和企划行程，可以前往美瑛、富良野、积丹、小樽和市郊的羊之丘展望台等地，可视需要选择自己喜欢的行程。

teikan.chuo-bus.co.jp/tw/about/

SapporoWalk さっぽろうぉ～く

さっぽろうぉ～く为札幌市内全年运行的循环巴，以札幌啤酒园为起点，中途停留、大通公园、时计台、札幌站（东急百货南侧）等处，绕行一圈约30分钟，一天内可无限搭乘。约20分钟就有一班车，可轻松前往人气景点及购物中心。

 札幌总站、札幌站前总站可买票

 1次成人210日元、小孩110日元，与札幌散策巴士的共通1日券为大人750日元、小孩380日元。

札幌散策巴士 さっぽろ散策バス

从札幌站前巴士总站8号乘车处出发，一路行经大通公园、道立近代美术馆、北海道神宫、大仓山竞技场、时计台等处，1天约8班次，除了1日券外，还可以搭配许多优惠票券使用。

 札幌总站、札幌站前总站可买票

 约7～9月

 1次成人300日元、小孩150日元、1日券500日元、小孩250日元。

BURARI 札幌观光巴士 ぶらりサッポロ観光バス

从札幌站前巴士总站6号乘车处出发，一路行经大通公园附近、北海道厅、道立近代美术馆、円山公园站前5号乘车处、北海道神宫、动物园正门前，最后到达大仓山竞技场前，全程约36分钟。

 BURARI 札幌观光巴士车内、Travel Center APIA 店

 4月28日～11月4日的周六日及节假日（6月1日～9月30日每日运行）

 1次成人210日元、小孩100日元，1日乘车券大人500日元、小孩250日元（还可无限搭乘JR北海道巴士营运的16号动物园线，以及JR札幌站—道立近代美术馆、圆山公园站前～藻岩山山麓站区间的巴士）。

都心内 100 円巴士

在札幌站—薄野・南4条、札幌站—Sapporo Factory、札幌站—北1条西7丁目、大通南4丁目—北1条西7丁目区间上下车者，票价一律为成人100日元、小孩50日元，只限于现金支付时才能享此优惠。详细的使用信息请参考网站。

 ekibus.city.sapporo.jp/100yen/

● 地铁

　　札幌地铁的班次并不十分密集，平日上下班高峰时约 4～5 分钟 1 班，其他时间则约 7～10 分钟不等，各站间相距不远，皆在 1～3 分钟之间，而各线起始站及终点站的首班车、末班车的发车时间，则分别为 6:00 和 0:00。

南北线
区间：麻生站—真驹内站
记号：N
代表色：绿色
重要车站：麻生、札幌、大通、薄野、中岛公园、真驹内札幌市内利用地铁可以前往大部分的景点，尤其在下雪的天气，在热闹地点不需至室外受寒，是比较方便的选择，其中南北线串连了札幌）与大通、**すすきの**、中岛公园等车站，是市中心的精华路线。

东西线
区间：宫の沢站～新さっぽろ站
记号：T
代表色：橘色
重要车站：大通、白石、南乡 18 丁目、大谷地、新札幌

　　东西线有部分路段与大通公园重叠，终点站新**さっぽろ**站与 JR 新札幌站连接，中间经过円山公园站、美术馆附近的西 18 丁目站、邻近 ASAHI 啤酒工厂的白石站和巴士转运站**バスセンター**—前站（巴士中心前站）等，白色恋人公园则位在首站宫の沢站的附近。

东丰线
区间：荣町站—福住站
记号：H
代表色：蓝色
重要车站：环状通东、札幌、大通、福住

　　东丰线连接荣町站到邻近札幌巨蛋的福住站，前往**モエレ**沼公园、艺术の森等市郊景点都可以从此线转搭公交车前往，路线中与其他两线交会的大通站为最大转运点，并在**さっぽろ**站与南北线和 JR 札幌站共构。

札幌市营交通
可在此查询关于地铁、市电的相关信息。
🌐 www.city.sapporo.jp/st/
☎ 011-2322277(询问票价、路线与时刻)、011-2412938(询问遗落物品的消息)
えきバス navi
可查询札幌市内所有巴士的信息,可查询时刻表、票价,也可查询主要地铁车站周边的巴士站地图,使用起来十分方便!
🌐 ekibus.city.sapporo.jp

● 各式车票
除了直接买票之外,在札幌市区有以下几种票券可以选择。
地铁专用1日乘车券
使用当日可全天无限次乘坐地铁全线,成人830日元、小孩420日元。

哪里买： 自动售票机、地铁车站事务室、定期券贩卖处、交通案内中心
ドニチカキップ
　　相当于"地铁专用1日乘车券"的假日版，限定于每周六、日和节假日使用的地铁1日券，可以无限次乘坐地铁全线，票价成人520日元、小孩260日元。
哪里买： 自动售票机、地铁车站事务室、定期券贩卖处、交通案内中心
どサンニパス
　　周末假日版的"市电专用1日乘车券"，限定于每周五、六、日、节假日及年假期间(12月29日～1月3日)使用的市电1日券，凭票券可以无限次乘坐地铁全线，而且只要买一张，就可以1个大人跟1个小孩一起无限次共享搭乘。限当日购买、当日使用完毕，不提供预售。
票价： 310日元
哪里买： 自动售票机、地铁车站事务室、定期券贩卖处、交通案内中心
SAPICA
　　札幌市交通局发行的IC储值卡，能用于札幌地铁、市电、JR北海道巴士、じょうてつ巴士、北海道中央巴士都能使用。此外，SAPICA也拥有电子钱包的功能，可以在札幌市内诸多商店、自动贩卖机使用，也用于圆山动物园入园门票，现在可使用范围渐渐扩及周边城市。也可与Kitaca、关东Suica、关西PASMO等IC卡使用范围通用。
使用方式： 在感应区感应票卡即可，但余额不满日元10不能刷卡进站，出站时余额不够扣的话，需先精算后补足充值金额才能出站。
哪里买： 有SAPICA图案的自动售票机、定期券贩卖处

2.4 札幌特惠酒店

● 札幌菲诺最佳西方酒店
🏠 北区北8条西4-15
¥ 6500日元
🌐 www.sapporo.bwhotels.jp
　　该酒店离札幌钟楼有10分钟的步行路程。餐厅位于酒店顶层，在这里可以一览札幌市的美景。同时，餐厅供应每日自助早餐及日本料理、西餐。酒店还提供滑雪用具、行李寄存等服务，以方便来此滑雪的客人。

● 札幌三井花园酒店
🏠 中央区北5条西6-18-3
☎ 011-2801131
¥ 12000日元
🌐 www.gardenhotels.co.jp
　　该酒店花园景致优美，可边泡温泉边欣赏园内美景。酒店位置优越，距离北海道神宫仅10分钟车程，距离札幌站有7分钟步行路程。另外，酒店的Nord Livina咖啡厅于15:00—23:00供应免费咖啡。

● 札幌世纪皇家酒店
- 札幌市中央区北5条西5丁目
- 15000日元

　　在餐厅可欣赏到札幌市全景，如果想拍摄城市全景，可考虑在这家餐厅就餐。另外，餐厅设有现场烹饪厨房，供应有益健康的自助餐。酒店距离JR札幌火车站仅有3分钟步行路程，可步行前往火车站。

● 札幌美居酒店
- 中央区南4条西2丁目
- 011-513-1100
- 16000日元
- www.mercure.com

　　该酒店位于热闹的市中心，距离地铁站仅5分钟的步行路程。酒店的法式餐厅不仅提供法式美食，还有当地特色菜肴和各种葡萄酒、鸡尾酒。

● Hotel Clubby Sapporo
- 札幌市中央区北2条东3丁目
- 011-2421111
- 20000日元
- sapporofactory.jp/clubby

　　Hotel Clubby Sapporo紧邻人气观光景点——札幌工厂（Sapporo Factory），自巴士中心前站下车，于7号出口出站，徒步约5分钟。饭店外观设计以红砖为基调，饭店内以白色为统一色调的走廊，则使人联想起悠闲的地中海风情。客房面积宽敞，约为札幌市内饭店平均的1.5倍，让住客们尽情享受悠闲舒适的美好时光，全馆备有Wi-Fi，满足游客及商务客们的共同需求。

● KEIO PLAZA HOTEL SAPPORO
- 札幌市中央区北5条西7-2-1
- 011-2710111
- 21000日元
- www.keioplaza-sapporo.co.jp

　　这里不但有着方便的地理位置，饭店内B1还有TOYOTA租车公司，可以以此地为据点租车游玩附近景点，十分便利。除了便捷的交通，连续4年获得乐天旅游肯定的KEIO，不只拥有舒适的休憩空间与亲切的服务，更有美味的餐点，除了人气极高的自助式午餐外，这里提供的早餐还在2012年获得tripadvisor使用者评价为美味早餐饭店的第11名。早餐可选择在22楼以札幌市景佐和食早餐，也可以选择在1楼的大片落地窗旁沐浴在阳光下享用自助式早餐，无论是哪个地方都十分美味，来这里住千万别错过了！

2.5 如何在札幌挑选当地美食

回转寿司 根室花丸

JR 札幌站徒步约 1 分钟　札幌市中央区北 5 条西 2 STELLAR PLACE CENTER 6F　011-2095330　www.sushi-hanamaru.com

在 STELLAR PLACE 6 楼的回转寿司店根室花丸因为交通超级方便，是札幌甚至全北海道队排最长的寿司店；在热门用餐时段等上一个多小时可说是司空见惯。店里的海胆、牡丹虾、鳕场蟹、炙烧鲑鱼肚等海鲜从根室、小樽等渔港直送，以一盘 136～420 日元的价格实惠供应，座位上也都备有纸笔，可以直接手写点餐。

六花亭本铺

JR 札幌站徒步约 3 分钟　札幌市中央区北 4 条西 6-3-3　011-2616666
www.rokkatei.co.jp

与白色恋人同样以白巧克力起家，这家百年老店除广受当地人喜爱外，其近半个世纪以来与文化、艺术更是深层联结，这让他许多店家据点，都与艺术离不开关系。2015年 7 月设立于札幌车站邻近的本店，10 层楼的崭新建筑，除了一楼是各式甜点蛋糕、六花亭杂货贩售部外，2 楼有六花亭咖啡厅，其他楼层还包含音乐厅、艺廊、YAMAHA 音乐商店及其他餐厅等，是享受甜点与艺术的综合地。

北菓楼

🚇 JR 札幌駅徒步约 12 分钟（札幌地下通道可直达） 🏠 札幌市中央区北 1 条西 5-1-2 ☎ 0800-5000318 🕐 1 楼店铺 10:00—19:00，2 楼咖啡店 10:00—18:00 🌐 www.kitakaro.com

2016 年 3 月新开幕的北菓楼札幌本馆，以建于大正十五年的旧文书馆别馆改造而成，透过建筑大师安藤忠雄之手，变身为宛如文学音乐沙龙的优雅洋果子咖啡馆。两层楼的建筑里，一楼卖店陈列了北菓楼全系列商品，还有本店限定商品。2 楼的挑高空间则是咖啡馆，有着令人印象深刻的大片书墙与自然采光，浪漫气氛马上成为札幌热门新亮点。

成吉思汗达摩本店

🚇 地铁南北线すすきの站 5 号出口徒步约 5 分钟 🏠 札幌市中央区南五条西 4 ☎ 011-5526013 🌐 best.miru-kuru.com/daruma

烤羊肉是北海道最具代表性的传统美食之一，日文名称叫"ジンギスカン"，汉字写作成吉思汗。位于薄野的成吉思汗达摩本店据传是烤羊肉创始店，狭小老店里，只有一圈吧台座席，两位阿姨招呼全场：添炉火、上菜、补啤酒，充满庶民情调。炭火现烤厚而多汁的鲜美羊肉，配上白饭蔬菜，就是最简单的鲜美滋味。

PICANTE

🚇 地铁南北线北 12 条站徒步约 4 分钟 🏠 札幌市北区北 13 条西 3 アクロビュー北大前 1F 📞 011-7371600 🌐 www.picante.jp

　　北海道大学生全力背书的 PICANTE 是汤咖哩的超名店，以 30 种以上的香辛料作为咖哩汤头基底，不论口味和名字都很独特。例如，用鱼骨慢熬 2 天而成的招牌汤头名唤"开辟"，随周一到周五轮替的当日口味也尽是"大陆 X""38 亿年之风"之类奇妙的名字。主菜配料除了常见的鸡腿、蔬菜外，还有海鲜、白酒炖小羊肉、香酥虾等可以选择。

元祖豚丼のぱんちょう

🚇 JR 带广站北口徒步 3 分钟 🏠 带广市西 1 条南 11-19 📞 0155-221974 🕐 11:00—19:00

　　店如其名，位于带广车站附近的元祖豚丼**のぱんちょう**正是带广名物——豚丼(猪肉盖饭)的创始店。创于昭和八年(1933 年)的老店，将金黄色泽、特制酱料的美味炭烧猪肉片配上新潟米、酱瓜和几颗豌豆，单纯素朴的美味令人大呼感动。店内豚丼依分量多寡分为松、竹、梅、华 4 种，即使是最小的松，猪肉片也是分量十足。

拉面榉

🚇 地铁南北线すすきの站 3 号出口徒步约 4 分钟 🏠 札幌市中央区南 6 条西 3 📞 011-5524601 🌐 www.sapporo-keyaki.jp

　　"榉"是在札幌相当出名的拉面店。由鸡骨和蔬菜熬煮 12 小时的味噌汤头口味浓醇、香气迷人，配上口感极佳的熟成面条、自家特制叉烧，加上白葱、包心菜绿叶、红萝卜等色彩缤纷的配菜，让人从视觉和味觉彻底享受拉面的美好。来到榉的薄野本店，可要做好排队的心理准备！

2.6 如何在札幌购买特惠商品 SHOPPING 指南

狸小路

北海道札幌市中央区南2条西2丁目

狸小路是札幌历史最悠久的商业街，早在明治初期，这里就有少量的商店开始经营。如今这里的范围大概是从东边的创成川为起点，经市道南二条三条中通线，往西约1千米，号称"札幌最长的商业街"。在狸小路上汇集了药妆、名特产店、餐厅等，营业时间较晚，不失为购买伴手礼的好地方。在狸小路1、2和狸小路8有些风格较特别的小店，药妆和最热闹的区域集中在狸小路3—5的区块，优衣库则位于狸小路4的COSMO。近年来，很多街头表演者集中在这里演出，为狸小路增添了一些艺术气息。

二条市场

北海道札幌市中央区南3条东1 060-0053

位于狸小路东侧的二条市场是札幌最知名的观光市场，也是"北海道三大市场"之一。肥美的帝王蟹、海胆、鲜鱼和新鲜蔬菜等陈列着，种类丰富，价格便宜，老板们站在摊位里热情叫卖，充满生活气息。除和其他日本市场一样，二条市场边上也少不了小铺餐厅，买来的海鲜，直接加工，现做现吃。

ESTA

🏠 北海道札幌市中央区北 5 条西 2 丁目

位于车站东翼的大楼 ESTA，从 B2 到 10 楼都有吸引人的卖点。B2 的百元商店有令人惊喜的便宜货；B1 食品大街在甜点部分的精彩程度绝不亚于大丸，1—5 楼为大型电器行 BIC CAMERA、6—8 楼有品牌服饰，其中 8 楼是优衣库，10 楼则是餐厅街和美味拉面的集合地——札幌拉面共和国。

APIA

🏠 北海道札幌市中央区北 5 条西 3,4 丁目

在 JR 札幌车站通往地铁札幌站的地下室，不仅具有联络通道的功能，更是超大型的购物、餐饮复合广场 APIA。很难想象这里竟然有超过 100 家的店铺比邻而居，西侧为餐饮店与化妆品的聚集地，其中还有平价美味店铺**なか卯**与吉野家；东侧的 CENTER 空间则更为热闹，书店、药妆店、杂货铺、服饰店全都齐聚一堂，诱惑着路过或是前来造访的民众大买特买。

Le trois

🏠 北海道札幌市中央区大通西 1 丁目 13

2015 年 9 月新开幕，位于电视塔斜前方路口的这栋纯白色商场，以法式风情主打提供女性幸福感的购物美食及装扮美丽的需求，像 B2—2 楼，以美妆、美容沙龙及流行小物为主，2—4 楼则有许多杂货风格小店、书店、料理教室、甜点吃到饱的店等，7—8 楼的各式餐厅则让女生喜爱新鲜与多样的选项通通实现。

2.7 2天游札幌必去的特惠景区

● 北海道大学

札幌市北区北8条西5 JR札幌火车站北口出，步行约8分钟
011-7162111 www.hokudai.ac.jp

北海道大学（以下简称"北大"）前身为开拓使时期（1876年）创建的札幌农学校，首任校长是对北海道影响深远的美国人克拉克博士。在横跨北7条至北18条的北大校园里，最吸引人的莫过于美丽的自然和四时变换的景色，正门附近的中央草坪环境宜人，位于北12条校门的银杏林道，约80株高大银杏在每年10月中下旬会转为迷人金黄，更是当地人也会前往的景点。

北大校园广大、建筑美丽又有很多景点可看可逛，光是可看景点就多达33个。如果很多点都想去，骑自行车是最好的方法，因为光是从综合博物馆走到第二农场，距离就要将近1.1千米。可以先到大门口旅游中心或博物馆里拿份校园地图，就能一一轻松拜访想去的地方。

● **清华亭**

🏠 札幌市北区北7条西7 🚃 JR札幌火车站北口步行约7分钟 ☎ 011-7461088
🕘 9:00—16:00，12月29日至次年1月3日休息

　　清华亭位于北海道大学校园不远处，曾是开拓使接待外宾的招待所。包围清华亭的林荫绿地，是开拓使的公园偕乐园残留下的部分，而清华亭本身则是建于1880年的和洋折中式建筑。从外观的玄关、六角窗、外墙和屋顶等，可以明显地感受到洋风色彩，屋内则为洋室与和室相连的奇妙组合。洋室整体华丽精美，和室则是日本传统的书院风格。推开虚掩着的门，脱鞋入内，可以感受一下亭子内的清静。

● 北海道厅旧本厅舍

🏠 札幌市中央区北3条西6 🚇 JR札幌火车站南口步行约8分钟或地铁札幌站10号出口步行约4分钟、大通站2号出口步行约9分钟 ☎ 011-2314111 🕘 8:45—18:00,12月29日至次年1月3日休息

北海道厅旧本厅舍过去是治理北海道厅的办公场所,是北海道的象征,也是北海道整体的行政中枢。道厅属于巴洛克风格的欧式建筑,红砖外墙、青铜圆顶、细腻角塔和独特的屋顶设计,构成道厅均衡优美的外观。内部的典雅装潢、各种史料和过去的知事办公室等基本保持原有风貌。目前,建筑内作为北海道立文书馆、北海道历史画廊等免费参观。

道厅曾经过多次的火灾与重建,现在所看到的建筑是依据明治二十二年(1888年)时道厅的造型所复原完成的,高达33米的建筑,在当时是日本数一数二的"大楼"。

● **时计台**

🏠 札幌市中央区北 1 条西 2 🚇 JR 札幌火车站南口步行 10 分钟或地铁大通站步行 5 分钟 ☎ 011-2310838 🕗 8:45—17:10(17:00 停止入场)，每月第四个周一（遇节假日顺延）、12 月 29 日至次年 1 月 3 日休息 💴 成人 200 日元、儿童免费 🌐 www.15.ocn.ne.jp/~tokeidai

　　札幌时计台就是当地的钟楼，位于大通北侧，是札幌代表建筑之一，也是这座城市的象征。可爱的白色木造建筑、红色屋顶和钟塔，在高楼的包夹下显得相当娇小，但却很容易找到。

　　时计台建于 1878 年，最初是作为札幌农学校（北海道大学前身）的演武场和活动厅。在札幌农学校迁至现址后，演武场在 1881 年建造并安置了来自美国的四面钟楼，之后百年间持续为札幌市民报时，是日本现存最古老的钟楼，这座建筑也是北海道少数保存至今的美式建筑。

● 大通公园

🏠 札幌市中央区大通西 1～12　🚍 JR 札幌火车站步行约 15 分钟；或地铁大通站、西 11 丁目站步行约 1 分钟　☎ 011-2510438　🌐 www.sapporo-park.or.jp/odori

　　绿意盎然的大通公园以电视塔所在的北 1 条作为起点，一路延伸至札幌市资料馆所在的北 12 条，长约 1.5 千米。沿着带状的公园行走，沿途可看到喷泉、雕塑与绿荫，因此也理解为何这里被称为"札幌心脏"。

　　大通公园不仅是当地人休憩的绿地，还是札幌市内各大活动、祭典的中心地。每逢薰衣草和各种草花绽放的季节，街头艺人的乐声时常飘荡在漫步闲坐的人们四周，札幌"公园都市"的美称在此得到最好的印证。

● 札幌电视塔

🏠 札幌市中央区大通西1 🚆 JR 札幌火车站步行约15分钟；或地铁大通站27号出口步行约3分钟 ☎ 011-2411131 🕘 4月1日—28日9:30—21:30、4月29日—10月11日9:00—22:00、10月12日—3月31日9:30—21:30，日本新年及其他活动休息 💴 展望台入场券（到3层免费）成人700日元、高中生600日元、初中生400日元、小学生300日元、儿童100日元 🌐 www.tv-tower.co.jp

札幌电视塔又叫札幌铁塔，位于大通公园北端，虽然规模不大，但橘红色铁塔造型格外醒目，是札幌的地标之一。现在的札幌电视塔单纯作为展望塔之用，乘坐约需1分钟即可到达的电梯，在高90.38米的瞭望台，即可清楚地欣赏到大通和邻近的SUSUKINO的闪烁夜景。尤其在札幌雪祭与冬季白灯节时，这里更是观赏夜景的最佳贵宾席。

另外，札幌电视塔取其谐音创作出的吉祥物"电视塔老爹"，带着小胡子、一副笑眯眯的可爱模样，也非常受欢迎。

● 知事公馆

札幌市中央区北1条西16 地铁东西线西18丁目站4号出口步行约8分钟 011-6114221 9:30—17:00，周末、节假日、日本新年休息

公馆建于1916年，原来是三井集团接待贵宾和高级成员的别邸，从1936年直到今天，则为北海道知事接待贵宾的场所，因此被称为"知事公馆"。

都铎风格的知事公馆，拥有白墙、黑瓦和鲜红木条的外观，四周茂盛的绿荫和草地围绕，令人联想起浪漫的欧洲小镇。而室内深木色的回旋楼梯、纹路细致的吊灯和彩绘玻璃窗等十分别致，很容易让人追忆起往日的风貌。

● 三岸好太郎美术馆

札幌市中西区北2条西15 由地铁东西线西18丁目站4号出口步行10分钟 011-6448901 9:30—17:00(入馆至16:30)，周一、12月29日—1月3日休息 成人500日元，高中、大学生250日元，中学生以下、65岁以上免费 www.dokyoi.pref.hokkaido.lg.jp/hk/mkb

出身札幌的画家三岸好太郎是日本第二次世界大战前现代主义的代表画家之一，开拓领导时代潮流的先驱领域。在他短短的12年创作生涯里，留下了不少个人色彩鲜明的作品，其中较知名的作品为"道化系列"、《交响乐团》和"贝壳与蝶系列"。

在三岸好太郎忌辰50周年日开放的三岸好太郎美术馆，由画家亲自设计、原先作为工作室用途的美术馆建筑，风格依然现代，而其中收藏的作品当中强烈的情绪也穿越时光，打动了观者的心。

● 丰平馆

🏠 札幌市中央区中岛公园 1-20　🚇 地铁南北线中岛公园站 1、3 号出口步行约 3 分钟　☎ 011-5110985　🌐 www.hoheikan.com

面对着池水与垂柳的丰平馆是开拓使所盖的高级洋风旅馆，建造于明治时期，纯白外壁与天蓝窗沿的搭配，半弧型的迎宾车道等都显得时髦而优雅。自 1880 年开馆以来，历代 3 位天皇与皇太子前来北海道视察时都曾下榻于此，现在还保留着大正天皇使用过的椅子。如今这里是举办婚礼和宴会的场地，平时建筑内部和天皇当时住的房间都对外开放。

● 中岛公园

🏠 札幌市中央区中岛公园　🚇 地铁南北线中岛公园站 1、3 号出口步行约 1 分钟　🌐 www.sapporo-park.or.jp/nakajima

以藻岩山为背景，由丰盈绿树与清浅池水包围的中岛公园，仿佛一片充满宁静的都市绿洲。公园总面积约 210000 平方米，园内有古迹丰平馆、札幌演艺厅 KITARA、道立文学馆和迷你天文台等艺文设施，也有正统的日式庭园和茶室八窗庵可以参观。每到假日，许多市民会来这里散步、遛狗、闲坐，或在鸭子漫游的水池里，悠闲地划划手摇船。

● 圆山公园

札幌市中央区宫之丘　地铁东西线圆山公园站 2 号出口步行约 10 分钟　011-6210453　www.sapporo-park.or.jp/maruyama

位于圆山北麓的圆山公园海拔 226 米，占地约 60 万平方米，园内林荫茂密，还有圆山动物园、北海道神宫和几个运动场地等。在公园与北海道神宫相接的地方有 1500 株樱花，每到春季纷纷绽放，是札幌市内的赏樱名所。而到了秋天，这里也能欣赏到如火的红叶。圆山公园邻近一带属于高级住宅区，不少别致的咖啡、甜点和餐厅也都集中于此区。

● 圆山动物园

札幌市中央区宫之丘 3-1　地铁东西线圆山公园站 3 号出口步行约 15 分钟　011-6211426　9:00-17:00、11 至次年 1 月 9:00-16:00（闭园前 30 分停止售票），12 月 29 日—31 日休息　成人 600 日元、高中生以下免费　www.city.sapporo.jp/zoo

位于札幌的圆山动物园是北海道较受欢迎、规模较大的动物园之一，这里有热带动物馆、类人猿馆、海兽馆等，生活着 170 多种可爱的动物，其中最具人气的就是 2009 年出生的双胞胎北极熊宝宝。冬天前往动物园，还能够看到企鹅、兔子、狐狸和猫头鹰等北国动物在雪地里的可爱模样。

● **北海道神宫**

🏠 札幌市中央区宫之丘 474　🚇 地铁东西线圆山公园站 2 号出口步行约 15 分钟　📞 011-6110261　🌐 www.hokkaidojingu.or.jp

特惠推荐

　　北海道神宫是北海道总镇守的守护神社，明治三年（1870年），在此建设临时神社，第二年才建设具有一定规模的神社宫殿，名为"札幌神社"，到了昭和三十九年（1964年）改名为北海道神宫。神宫中的分神社祭祀了很多对北海道的开拓事业做出贡献的人，如岛义勇、间宫林藏等。

　　如今，这里每年最热闹的时候就属新年参拜和樱花时节，以樱花为造型的铃铛御守也相当可爱。

● 大仓山 JUMP 竞技场

🏠 札幌市中央区宫之森 1274 🚇 地铁东西线圆山公园站 2 号出口搭乘荒井山线中央巴士园 14 至大仓山竞技场入口站 ☎ 011-6418585 🕐 8:30-18:00(6—9 月每周五、周六 8:30-21:00)，11—4 月 9:00-17:00，遇跳台滑雪大会或选手练习日营业时间另有变动) 4 月 1 日—15 日休息 💴 前往展望台的缆车成人往返 500 日元、儿童 300 日元，单程半价（每名家长可带 1 名儿童免费） 🌐 www.okura.sapporo-dc.co.jp

这里是 1972 年札幌冬季奥运会时跳台滑雪项目的比赛场地，现在仍是专业比赛场地，平时开放供一般民众参观。即使不会滑雪，可搭乘缆车可以抵达跳台展望台，远眺札幌市景。位于竞技场一侧的札幌冬季运动博物馆，展出历代冬季奥运会的相关资料，在体验区还可以免费体验跳台滑雪运动的乐趣。

● 札幌巨蛋

🏠 札幌市丰平区羊之丘 1 🚇 地铁东丰线福住站步行约 10 分钟 ☎ 011-8501000 🕐 展望台 10:00—18:00，活动准备与举办期间休息 💴 展望台：成人 500 日元、中小学生 300 日元、儿童免费；运动场：成人 1000 日元、儿童 500 日元；展望台与运动场联票：成人 1200 日元、中小学生 650 日元 🌐 www.sapporo-dome.co.jp

2001 年落成的札幌巨蛋，又名札幌穹顶体育场，其造型前卫，银弧状的外观充满未来感。这座耗资 422 亿日元打造的体育场是北海道棒球队日本火腿和足球队 CONSADOLE 的地主球场，也是世界上唯一能同时进行足球与棒球赛的超级双球场。

● 白色恋人公园

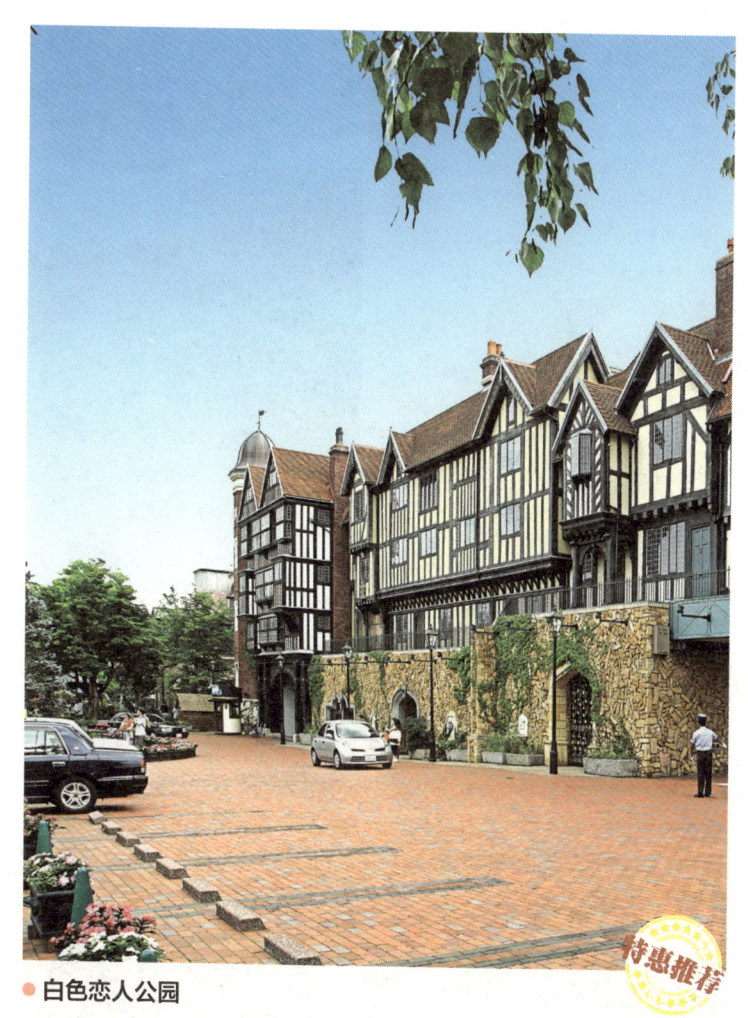

🏠 札幌市西区宫之泽22-11-36 🚇 地铁东西线宫の沢站步行约7分 ☎ 011-6661481
🕘 9:00—18:00(入馆至17:00) ¥ 成人600日元、中学生以下200日元、3岁以下免费 🌐 www.shiroikoibitopark.jp

　　充满欧洲风情的白色恋人公园，是白色恋人巧克力的生产地和展示地，而中心建筑就是一座梦幻城堡。在浓浓的巧克力香伴随下，游客可以参观北海道人气点心——白色恋人的制造过程，还能走一条"巧克力时光隧道"，观看19世纪英国巧克力工厂的情景。这里讲述着巧克力的历史，展示了各种巧克力相关的收藏品。

　　在巧克力工坊可以和点心师傅一块儿亲自手制作巧克力，位于1层的CAFE·TEATIME，在11:00—15:00时可享用白色恋人的母公司——石屋制果的蛋糕。

● 定山溪温泉

🏠 札幌市南区定山溪温泉 🚌 从新千岁空港搭乘定山溪直行巴士，1天2班 14:00、16:30 发车，车程约100分，成人1600日元、小孩800日元

根据传说，定山溪温泉最早是由一位名叫美泉定山的修行和尚，在山中看到野鹿用溪谷中的天然温泉疗伤而发现的，至今已有140余年的历史。现在的定山溪温泉街上有二十余家温泉饭店和民宿，泉质均为无色透明、触感滑溜的钠盐化泉。想泡汤除了选择各家饭店（大部分都有纯泡汤的选择）外，也可以到定山溪源泉公园或在温泉街路边一边散步，一边泡免费的足汤或手汤。虽然温泉乡范围不大，但由于地处四季优美的溪谷，距离札幌又近，因此还是很受欢迎。

● 丰平峡

🏠 札幌市南区定山溪840番地先 🚌 4月底～10月由定山溪市区有电气巴士往返，1天5班 💴 往返成人600日元、小孩370日元 🌐 www.houheikyou.jp

位于定山溪近郊的丰平峡，是由丰平水库兴建而蓄积成的水坝湖。虽然是人工湖泊，但四周有山峦层叠围绕，风景相当优美，也被日本的林野厅选入"水源之森100选"和"水坝湖100选"当中。每年秋天，丰平峡深蓝的湖水，衬上两岸满满金红，总吸引许多前来赏枫的人们，也是北海道有名的红叶景点之一。

● HANAZONO RESORT

虻田郡俱知安町字岩尾別 328-1　雪季有免费巴士往返 Hirafu，另外连接 Anupuri 和 Hirafu 的巴士也可抵达　0136-21-3333　雪季约为 12 月至次年 4 月初　Lift 成人 1 日券 4900～5900 日元　skihanazono.com

位于新雪谷安努普林山（ニセコアンヌプリ）山麓的 HANAZONO RESORT 是个综合型的滑雪乐园，拥有初级到高级的滑雪道，可以一边欣赏眼前羊蹄山的壮丽风景，一边享受世界顶级粉雪（POWDER SNOW）的美妙之处，滑道与最大的滑雪场 Niseko Grand Hirafu 相连。除滑雪之外，也有雪上甜甜圈、雪上泛舟和雪中散步等各种雪上活动，初次滑雪的朋友，则可以参加 HANAZONO RESORT 针对小朋友或初次滑雪者设计的专属课程。

● 羊蹄山

从 JR ニセコ站或俱知安站搭ニセコ巴士小樽线至羊蹄登山口站，约 15 分钟 ☎ 0136-422111（京极町商工观光课） ◎ 自由参观

因为酷似富士山而得名"虾夷富士"的羊蹄山，标高 1898 米，是座圆锥型的死火山。左右对称的山形十分优美，当霭霭白雪覆盖山头时尤其秀丽。羊蹄山共有 4 条登山步道，往返均需 7～8 小时，其中俱知安路线最为轻松，京极线则最受日本人欢迎。此外，羊蹄山的泉水还入选"日本名水 100 选"，JR 俱知安车站前就设有饮水池，可供人饮用。

● 神仙沼

🏠 共和町前田 🚌 从JRニセコ站搭乘前往五色温泉乡的巴士,于神仙沼レストハウス站,约55分钟,巴士只在7~10月周六、日及节假日行驶。10:45、13:35从JRニセコ站出发,14:23、16:23从神仙沼レストハウス站返回 ☎ 0135-73-2011(共和町观光协会) ⏰ 自由参观,冬季休息

　　神仙沼是ニセコ湖沼中最为美丽的一座湖沼,静寂湖面自然散发出特殊的青色光泽,就像仙境一般,尤其在红叶时分,遗世般的绝景更是醉人。沿着规划良好的木栈道可以穿越森林和湿原,抵达神仙沼畔,沿途的高山植物和湖泊风景令人心旷神怡。绕行一周需一个多小时。

● 支笏湖

千岁市支笏湖温泉 观光船 0123-25-2031 4月中旬～11月上旬 8:40—17:10(依季节而有所变动) 成人1200日元、小孩600日元
www.shikotsu-ship.co.jp

特惠推荐

天晴时为宝蓝色，被樽前山、风不死岳、丹鸣山等群山环绕的支笏湖，为日本最北的不冻湖，最大深度360米位居日本第二，湖水透明度则是日本第一。狭长的湖面四周有群山围绕，景致宜人，同时也是红叶名胜地。由温泉区走向湖畔，湖水渺无尽头，除了乘船游湖，夏期也有各种水上活动，不过，更多人是为了支笏湖的温泉而来，在最热闹的温泉街附近，约有8家温泉饭店。

● 洞爷湖

🏠 洞爷湖町洞爷湖温泉 ⏰ 游览船 4 月下旬～10 月末 8:00—16:30，每 30 分钟 1 班；11 至次年 4 月初 9:00—16:00，每 60 分钟 1 班 💴 游览船成人 1320 日元、小孩 660 日元，夏季烟火游览船（4 月 28 日～10 月 20:30 左右出发）成人 1500 日元、小孩 800 日元 🌐 www.toyakokisen.com（网站可打印 9 折券）

洞爷湖几乎为正圆形，是典型的火口湖，面积居日本第 9 位，平静无波的水面湛蓝清澈，平静无波并且不会结冰，是道内为数不多的不冻湖之一。洞爷湖最热闹的地区在南岸的温泉区，而除了沿着湖畔散步、开车环湖兜风外，还可以搭乘城堡造型的湖上游览船，近距离欣赏洞爷湖的美。若有机会搭乘游览船，不妨在最大的中岛时稍作停留，这里不但是展望湖景的最佳位置，还有深刻介绍岛上自然生态的洞爷湖森林博物馆。

● 洞爷湖温泉

🏠 洞爷湖町洞爷湖温泉　洞爷湖温泉观光协会 ☎ 0142-75-2446 💴 洞爷湖温泉根据游客享受的服务具体收费

洞爷湖的温泉泉质温和，汤色透明，最吸引人的地方是可以在露天风吕里坐享开阔的洞爷湖景，是北海道很受欢迎的温泉地。环湖一共有 6 处温泉，其中以南面的洞爷湖温泉最为热闹，各知名温泉饭店、热闹的温泉商店街集中于此，街上还有免费的手汤或足汤可以泡。

3 特惠游 小樽
DAY5

3.1 如何特惠从札幌到小樽

● 札幌—小樽 Welcome Pass
这款同样限定"短期滞在"的外国旅客才能使用的票券，提供札幌至小樽站之间一日无限次搭乘，并且还加送一张札幌地铁的一日券。最棒的是，札幌地铁一日券并没有限制一定要在同一天使用，因此可以在小樽、南小樽和札幌区间尽情玩耍一天后，再择日来个地铁一日游。

🏠 可在机场和札幌的各 JR 相关窗口直接购买，须出示护照以作确认。
🕐 全年皆可购买
¥ 1700 日元

● JR
从札幌站搭乘 JR 函馆本线或快速 airport 号至小樽，约 30~50 分钟车程，票价 620 日元。

3.2 到达小樽的交通方式

● JR
从新千岁空港搭乘快速 airport 号至小樽，车程约 70～100 分钟，票价 1740 日元。

● 巴士
由札幌巴士总站搭乘中央巴士高速小樽号，在小樽站下车，车程约 1 小时，票价 590 日元。

> **JR 巴士**
> ☎ 0134-225570
> 🌐 www.jrhokkaidobus.com
> ❗ 本班车由 JR 巴士和中央巴士共同营运

3.3 小樽区内交通

● 小樽散策巴士　おたる散策バス
有 3 条不同的路线通往市中心和稍远的景点，购买 1 日券能无限次乘坐。

¥ 搭乘一次票价成人 210 日元、小孩 110 日元，一日票（小樽站前、小樽运河前、运河中心前贩售）：成人 750 日元、中学生 500 日元、小孩 380 日元。

● **自行车**

可租借的店铺信息如下：

レンタサイクルシーガル
- 小樽市港町 4-2
- 0134-293131
- 4～10月 9:30—17:00
- 1小时 500 日元，1日 2000 日元

ちゃりんこおたる
- 小樽市稲穂 2-7-9
- 0134-326861
- 8:00—22:00，全年无休（大雨休息）
- 1小时 400 日元，1日 2000 日元起

● **小樽海岸海上观光船**

3号码头有观光船行程，可以从海上欣赏小樽风景。祝津航路：单程25分钟，票价650日元；航程较远、能欣赏海岸线的**オタモイ**航路约1～2小时，根据路线不同票价1190～2390日元。

- 小樽市港町 4-2
- 0134-293131
- otaru-kankousen.jp

3.4 小樽特惠酒店

● **HOTEL SONIA**
- JR小樽站步行约7分钟
- 小樽市色内 1-4-20
- 0134-232600
- www.hotelsonia.co.jp

在SONIA最高楼层的露天阳台上，负责人山本先生指着眼前的小樽运河，诉说着运河过往和街角曾经的景色；原本已在无数照片中变得熟悉的运河风景，或许因为近距离的临场感使然，又再次扬起了新的想象空间。

● **藏群**
- 在JR小樽筑港站有免费接驳巴士（需预约）
- 小樽市朝里川温泉 2-685
- 0134-515151
- www.kuramure.com

在对北海道的住宿想像，还停留在木屋民宿或传统温泉旅馆时，设计旅馆藏群选在小樽邻近的朝里川温泉安静开幕。将设计感与传统和风、自然与舒适度完美融合的宿泊空间里，温泉旅馆抚慰人心的历代温柔，有了更现代的诠释空间。

205

● 越中屋旅馆
- JR 小樽站徒步 8 分钟
- 小樽市色内 1-8-12
- 0134-250025
- www.etchuya-ryokan.com

　　创业于 1877 年的越中屋旅馆，过去是开垦北海道的士兵门的宿舍——屯田兵の宿，1994 年则由武家宅改建成旅馆，里里外外都有着浓浓的日本味道，房舍只有三层楼高，房内的小摆设、木制家具，散发着木头香和榻榻米香。以高级秋田杉建筑的大厅，采书院建筑特色，这种大厅的建筑技术今日已不复见，更显珍贵。

● dormy inn PREMIUM 小樽
- JR 小樽站徒步约 3 分钟
- 小樽市稻穗 3-9-1
- 0134-215489
- www.hotespa.net/hotels/otaru/

　　dormy inn 是日本十分著名的优质连锁商务旅馆，位于小樽的这家分馆从小樽车站过条马路就到了，拥有绝佳的地理位置。饭店内的装潢充满大正浪漫风格，一应俱全的设施中，还包含可以免费利用的洗衣机，晚上更会提供免费消夜；另外，值得一提的是，这里对华人旅客十分贴心，办理入住时，柜台人员不仅会耐心解说，还会附上饭店详细的中文说明书，无论是泡汤时间、设施说明皆一目了然，毫无语言的隔阂，让人倍感窝心。

3.5 如何在小樽挑选当地美食

出拔小路

JR 小樽站徒步约 10 分钟；或搭乘散策巴士至小樽运河站 小樽市色内 1-3-10 11:00—23:00（依店家而异） otaru-denuki.com

出拔小路过去是运河船只的卸货处，现在，以旧地名为名的小樽出拔小路则是复古风的饮食街。在明治大正时期的怀旧气氛中，拉面、寿司、成吉思汗烤羊肉等小店约 10 多间比邻而居，平均营业时间到晚上的 9、10 点左右，是晚上打牙祭的好去处。

若鸡时代 なると NARUTO

JR 小樽站徒步约 8 分钟 小樽市稻穗 3-16-13 0134-323280 11:00—21:00，周一休息（遇节假日顺延一天）若鸡半身 980 日元（鸡之日折价 200 日元）、ざんぎ 700 日元（炸鸡之日折价 100 日元） http://otaru-naruto.jp/

若鸡时代 なると贩售多样定食、丼饭、拉面、生鱼片、串烧、炸物等，其中就属 1965 年诞生的"若鸡半身"最具人气，也是店内的招牌菜色。若鸡半身的鸡肉先以胡椒盐调味，经过一夜的腌制入味后现炸上桌，酥脆的外皮裹着多汁的鸡肉，无论是谁都无法抵抗这香气四溢的当地美味。

小樽寿司屋通

JR 小樽站徒步约 10 分钟 小樽市花园 0134-332510 11:00—22:00（依店铺而异），1 月 1 日休息，部分店家周三休息 www.otaru-sushiyadouri.com

北国丰富的渔产使小樽发展出丰富的寿司与海鲜丼文化，小小的腹地里就有近百家的寿司店，其中有 20 家以上都集中在与堺町通相交的寿司通。寿司屋通路不长，但小樽的寿司老铺本店都在寿司通及寿司通到公园通的巷道中，如华寿司、一休、政寿司、旭寿司、日本桥及しかま等；吃寿司讲究的是材料鲜度，而这些老铺无论是食材或料理手腕，都是当地人挂保证的。

北之冰激凌店

🚆 JR 小樽站徒步约 8 分钟 🏠 小樽市色内 1-2-18 ☎ 0134-238983 🕘 9:30—19:00，不定休 💰 冰激凌一球 300 日元 🌐 www.kitanoice.com

　　位于古老建筑里的北之冰激凌店，有着墨汁、海胆、泡菜、纳豆、啤酒等口味，等着客人挑战。色彩缤纷的冰激凌一字排开有近 40 种，除了许多前所未见的奇妙口味，也有香草、野莓、焦糖等常规口味，还贴心地制作了中文菜单，供海外游客参考。

Cake & Café MARIE LAURENCIN

🚆 JR 小樽站正对面，dormy inn PREMIUM 小樽旁 🏠 小樽市稲穂 3-9-1 ☎ 0134-344222 🕘 8:00—20:00 💰 Tea+ckae 830 日元

　　喫茶店 MARIE LAURENCIN 备受当地人喜爱，店名取自法国女画家之名，从店名到装潢都希望让顾客感受巴黎的美好气息。店内最出名的就是各种无添加香料的手作蛋糕，简约的巧克力蛋糕有着鲜明可可香气，口感好，不会过于干燥或是湿润，绵密质感搭配上香浓鲜奶油更是美妙，一口红茶一口蛋糕，午后的时光就这样幸福地度过了。

美园

🚆 JR 小樽站徒步约 5 分钟 🏠 小樽市稲穂 2-12-15 ☎ 0134-229043 🕘 10:30—20:00，周二休息 💰 冰激凌 480 日元、草莓圣代 780 日元 🌐 www.misono-ice.com

　　美园是小樽的老牌冰激凌店，创建于西风东渐的 1919 年，是北海道最早贩售冰激凌的店家。采用牛奶、鲜奶油、新鲜水果、蜂蜜、鸡蛋等材料纯手工制作的各色冰激凌与圣代，深获小樽人的喜爱，甜而不腻的滋味，让吃的人冰在嘴里、甜到心坎里。

3.6 如何在小樽购买特惠商品 SHOPPING 指南

🛒 小樽酒窖

🚃 JR 小樽站徒步约 7 分钟　🏠 小樽市色内 1-8-6　☎ 0134-242800　🕘 10:00—22:30(依季节会有所不同)　🌐 www.otarubine.chuo-bus.co.jp

　　北海道在小樽、十胜、富良野等地都有葡萄酒厂，在由旧北海道银行所改建的小樽酒窖里，则贩卖了约 100 种以上、北海道生产的各式红白葡萄酒。店里附设可品尝葡萄酒和其他酒类的酒吧，也提供佐酒小点和义式料理，另外还有能直接购买各种道产葡萄酒的店铺。

🛒 田中酒造 龟甲藏

🚃 JR 南小樽站徒步约 10 分钟　🏠 小樽市信香町 2-2　☎ 0134-212390　🕘 9:00—18:00　🌐 www.tanakashuzo.com

　　离小樽市区较远的田中酒造龟甲藏，是拥有超过百年历史的日本酒藏，也是小樽当地的酒藏之一。充满古意的仓库内部相当宽阔，在 2F 则能参观到日本酒从原米、发酵到上槽的制作过程；1F 的店铺贩售有田中酒造所造的各种日本酒，并可以免费试饮。酒造的名品"宝川"大吟酿，曾获得平成 22 年新酒评鉴会的金赏。

🛒 小樽八音盒堂本馆

🚃 JR 小樽站步行约 22 分钟、JR 南小樽站步行约 8 分钟　🏠 小樽市住吉町 4-1　☎ 0134-221108　🕘 9:00-18:00，夏季的周五、周六及节假日前夕 9:00—19:00　🌐 www.otaru-orgel.co.jp

　　小樽八音盒堂本馆位于与堺町通交界的童话十字路上，邻近几座充满古典欧洲风味的建筑、本馆门口古老的蒸气时钟与流淌的八音盒乐声，构成一幅充满异国情调的美丽街景。充满华丽感的本馆内，摆满了各式各样缤纷精巧的八音盒，3 层还有能自制八音盒的体验工坊。小樽八音盒堂除了本馆之外另有 5 家分店，其中位于本馆对面的 2 号馆则为古董博物馆，里面收藏了许多珍贵的音乐盒与音乐钟，十分有趣。

🛒 大正硝子馆

🚌 JR 小樽站徒步约 12 分钟；或搭乘散策巴士至小樽运河ターミナル、小樽运河站 🏠 小樽市色内 1-1 ☎ 0134-325101 🕘 9:00—19:00(夏季延长至 21:00) 🌐 taishougarasu.com

　　大正硝子馆以本馆为起点，有不同主题的玻璃制品店面、制作和体验工房，承袭自大正时代优雅风格的自家工房作品也很受欢迎。本馆后方的蜻蜓珠馆，还有色泽瑰丽的蜻蜓珠，漂亮的珠子可串成手环、项链等饰品。

🛒 vivre savie+ mi-yyu

🚌 JR 小樽站徒步约 12 分钟 🏠 小樽市色内 2-4-7 ☎ 0134-246268 🕘 11:00—18:00，周一、第 3 个周二（遇假日营业）休息

　　改装自明治三十七年 (1904 年) 建的古商家建物，杂货铺 vivre sa vie + mi-yyu 里里外外都充满着历史感。踏入店内，简单朴实的内部装潢中，流露出一股缓慢闲适的气息，店内贩售着各种小物及杂货，从绘本、文具、可爱装饰品及自然风服饰，其中还有许多艺术家寄售的作品，像堀井仁的手绘明信片、MINT 的玻璃艺品、野ばら社的装饰品、kuppi 的人形创作等，每一样都有创作者的独特色彩与魅力，来这里购物之余，还可以一次欣赏到多位艺术家的创意作品。

🛒 かま栄 工场直卖店

🚌 JR 南小樽站徒步约 16 分钟、JR 小樽站徒步约 16 分钟，或搭乘散策巴士至かま栄本社前站，下车后徒步 2 分 🏠 小樽市堺町 3-7 ☎ 0134-255802 🕘 9:00—19:00（繁忙期至 19:00、闲散期至 17:00）。1 月 1 日休息 💴 面包卷 216 日元、原味甜不辣 194 日元 🌐 www.kamaei.co.jp

　　创建于 1905 年的かま栄为鱼板专卖老店，从开创至今已拓展出十多家店铺，经过不断的研发创新，单纯的鱼板演变出许多丰富独特口味，像结合火腿及起司的どさんこ金波、添加大块蟹肉的かに甲ら，以及加入红萝卜、香菇、葫芦干的五目のし等。在工场直卖店不仅可以参观制作过程，还可以享用新鲜现做的美味鱼板，现买现吃的商品中最值得推荐的是面包卷，以面包卷起鱼板下锅油炸，酥脆外皮与饱实鱼板的组合打破常规，让鱼板从餐桌料理一跃成为点心。

3.7 1天游小樽必去的特惠景区

● 天狗山

JR小樽站前中央巴士3号乘车处搭乘9天狗山缆车线,约20分钟至天狗山站下车,日元210,1小时约2~3班　小樽市最上2-16-15　0134-337381　小樽天狗山缆车:缆车夏季4月13日~11月4日9:30~21:00(7月27日~8月18日9:00开始),冬季11月17日至次年3月31日9:00~21:00,每12分钟1班。每年运行期间会有些微变动,请上网确认　缆车成人往返1140日元、单程680日元,儿童往返570日元、单程340日元　www.cks.chuo-bus.co.jp/tenguyama/

　　圆瞪着眼、大长鼻子的天狗是日本的神怪人物,而在小樽市街后的天狗山就因为山形长得像天狗而有了天狗山之名;就如同每一座城市都有登高眺望点一样,天狗山就因可俯瞰小樽和小樽港而成为观光客必到的地方。

　　天狗山海拔达532米,搭天狗山缆车上山约需4分钟。天晴时,山水市街一览无遗,连可能因行程短促而无法亲临的积丹半岛也可以尽收眼底。黄昏时点灯亮光明,也有一番风味,不过,夜景仍然无法和函馆相比。

● 小樽运河

🚉 JR 小樽站步行约 8 分钟　🏠 小樽市色内、港町　☎ 0134-324111

小樽运河全长1140米，幅宽20至40米，是北海道唯一、也是最古老的一条运河。建于大正年间的小樽运河与北海道的开拓历史同龄，约120多年，见证了小樽港口的黄金时期。港运衰退后，运河转为观光之用，现在，瓦斯灯暖黄光线中，小樽运河以及运河一侧旧仓库群的迷人构图，已成为小樽乃至北海道的代表性景点之一。

每年2月当中的10天，小樽运河也会成为小樽雪灯路的主会场。上百盏雪质蜡烛与点上蜡烛的玻璃浮球，在冬日里摇曳照亮了雪白的运河风景，更添浪漫气氛。

● 运河广场

🚇 JR 小樽站步行约 8 分钟　🏠 小樽市色内 2-1-20　☎ 0134-331661　🕘 9:00—18:00，7～8月9:00—19:00，1月1日休息

将始建于明治二十年（1887年）的小樽旧仓库再利用而建成的运河广场，位于小樽运河沿岸，是一处结合购物与观光功能的复合式空间。临栋的仓库为小樽工艺馆，展示小樽当地制作的各种玻璃工艺品，再往西边的小樽总合博物馆运河馆，有关于小樽自然与历史的介绍，可以沿路慢慢参观。

● 小樽运河仓库群

🚆 JR 小樽站步行约 12 分钟　🏠 小樽市港町　🕚 11:00—22:00

小樽运河旁古色古香的石造仓库群，原来是海运货物的仓库，随着运河的观光化，也成为商店和餐厅，但从这些充满了沧桑感的建筑本身，依然能感受到当年的历史。

以浅草桥为界，其中一头的小樽运河食堂聚集了拉面、海鲜饭等各种平民美味，另一头则是几间分散的独立餐厅。其中，小樽仓库 No.1 是小樽当地啤酒的店面，除了可以参观啤酒酿造外，还设有啤酒餐厅，可以小酌一杯。

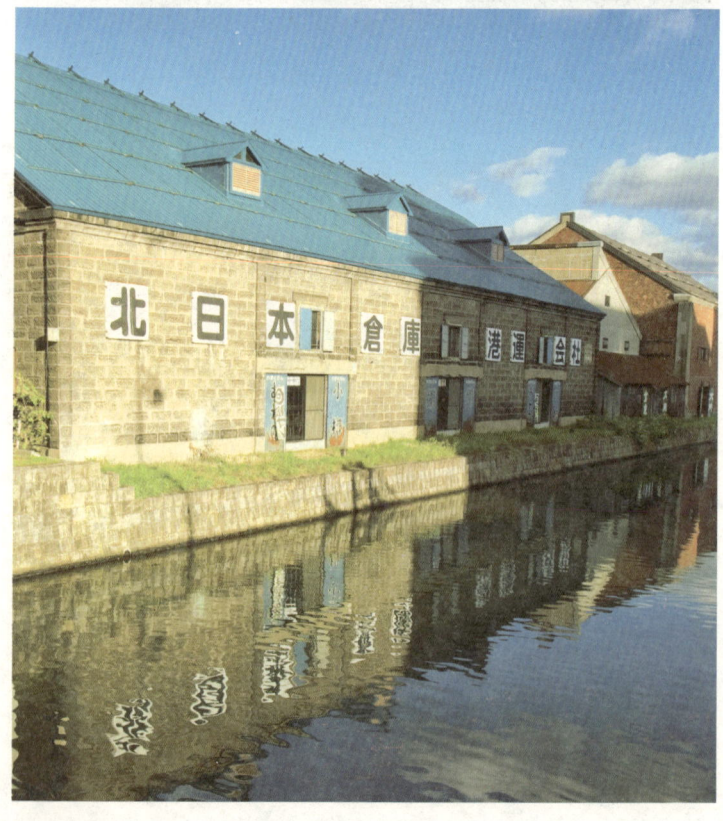

● 日银金融资料馆（旧日本银行小樽支店）

JR小樽站徒步约10分钟，或搭乘散策巴士至日银金融资料馆站下车　小樽市色内1-11-16　0134-211111　4～9月9:30—17:00、12月至次年3月10:00—17:10，周三（假日开放）、12月29日至次年1月5日休息　www3.boj.or.jp/otaru-m/

　　建于明治四十五年(1912年)的日本银行小樽分行是由辰野金吾设计，伫立百年的典雅姿态是小樽的代表建筑。完成银行任务之后，这栋建筑改为资料馆，展出丰富金融资料，内容远从纸币发行的背景、面额变革，以及小樽分行的业务、改建过程，到现在2米高的钞票有多少钱、钞票的原料，还准备了一亿元日币钞票，让大家试着抱起一亿元的重量，静态与活泼的展示都很有趣。

函馆

4 DAY6–DAY7 特惠游

4.1 如何特惠从小樽到函馆

从小樽去函馆，需先回到札幌，再从札幌前往函馆具体交通方式参见札幌到小樽部分 P203。由札幌到函馆的交通方式参见到达函馆的交通方式部分 P217。

4.2 到达函馆的交通方式

● JR
由 JR 札幌站搭乘特急 Super 北斗 2～22 偶数号列车，至 JR 函馆站下车，车程约 3 小时 20 分钟，票价 8080 日元。

● 巴士
由札幌中央巴士总站搭中央巴士高速函馆号，至函馆站站下车，车程约 5 小时 15 分钟，票价 4680 日元。需提前预约。

时刻表请查询：中央巴士札幌 011-2310600、函馆 0138-223265
www.chuo-bus.co.jp

4.3 函馆区内交通

函馆最主要的市内交通方式是充满复古情调的路面电车"函馆市电",主要观光景点如函馆山夜景、元町、金森仓库群、五棱郭和汤之川温泉等都位在市电站可以步行抵达的范围。市电的车资依距离决定,单程 200～250 日元,对观光客而言,最方便的选择应该是市电一日乘车券,成人 600 日元、小孩 300 日元就可以放心搭乘一整天。其他种类的公共交通票券请参考。

函馆市交通局
www.city.hakodate.hokkaido.jp/transport

4.4 函馆特惠酒店

● **函馆国际饭店**
JR 函馆站徒步 7 分钟
函馆市大手町 5-10
0138-235151
20000 日元
www.hakodate.ne.jp/kokusaihotel

位于朝市不远处的函馆国际饭店是函馆地区历史悠久的饭店,圆弧外型的饭店外观优雅,总数 305 间的房间共有 12 种房型,也多拥有相当良好的视野。饭店备有各国料理餐厅,能望见美丽夜景的 sky lounge 也很受欢迎。

●函馆 Youth Guest House
- 市电宝来町徒步 7 分钟
- 函馆市宝来町 17-6
- 0138-267892
- 2500 日元

　　函馆的青年旅馆在市电宝来町站附近，徒步可以前往元町的教堂群或是港湾的金森仓库区，顶楼的展望厅还能够眺望邻近夜景。房间全为洋室的雅房，公用区还设有洗衣机和烘衣机，方便游客们使用。

●函馆男爵俱乐部 Hotel&Resorts
- JR 函馆站徒步 3 分钟
- 函馆市大手町 22-10
- 0138-211111
- 25000 日元
- www.danshaku-club.com

　　2007 年正式开始营运的函馆男爵俱乐部，宽敞的房间内都附有厨房、客厅、卧室和可以舒服泡澡的浴室，加上温馨的服务，荣获乐天 travel 票选为 2008 年北海道区域的第一名饭店。早餐除了饭店提供的美味洋食外，也可以领取餐券至朝市里 6 家有合作的食堂内用早餐，诚意十足。

●La Vista 函馆 BAY
- JR 函馆站徒步 15 分钟
- 函馆市丰川町 12-6
- 0138-236111
- 35000 日元
- www.hotespa.net/hakodate

　　旧址原是大正黄金时期建物的 La Vista 函馆 BAY，仍保有部分的砖墙与廊道梁柱，房间设计上的现代元素与舒适感过往的时代感性，能感受到相当特别的空间气氛。顶楼的露天温泉是茶褐色的海峡之汤，可以眺望函馆港灯火，隔邻的美食俱乐部则集中了数家热门餐厅。

4.5 如何在函馆挑选当地美食

朝市食堂

🏠 函馆市若松町 9-19 2F 📞 0138-225330 🕐 5:30—14:00，11月至次年4月 6:00—14:00 💴 500日元起 🌐 www.asaichi.ne.jp/ekini/

想用实惠价格品尝海鲜丼饭，绝不能错过朝市食堂。食堂提供各式丼饭，豪华版的鲔鱼丼、鲑鱼丼以外，还有只要500日元的海鲜丼饭，而且还有五目丼、鲑鱼亲子丼、蟹肉丼、鲑鱼卵丼等七种选择，可以一次品尝多种海鲜的五目丼最受欢迎，虽然配料可能不如昂贵的海鲜丼那样厚实，新鲜度却也十分不错，预算有限又想大快朵颐的话，不妨到这里品尝。

きくよ食堂

🏠 函馆市若松町 11-15（朝市仲通り） 📞 0138-223732 🕐 5:00—14:00、12月至次年4月 6:00—13:30,1月1日休息 💴 元祖函馆巴丼1680日元 🌐 http://hakodatekikuyo.com/

别小看きくよ朴素的店面，它可是函馆朝市里名气最大、历史也最悠久的一家海鲜丼食堂，现在朝市里有本店和分店两家。店里的元祖函馆巴丼是函馆名物，也是店里的人气第一名，香软白饭上，铺上了肥美甘甜的干贝、海胆和鲑鱼子，诱人色彩和海味鲜甜令人难忘，其他也有各种不同的海鲜组合。不习惯吃生食的人也可以试试店里的烤鱼，炭烤得恰到好处的鱼肉富含油质，也十分美味。

星龙轩

🚆 JR 函馆站西口徒步约 4 分钟 🏠 函馆市若松町 7-3 ☎ 0138-220022 🕐 11:00—17:00（售完即关），周日、周一休息 💰 盐味拉面 580 日元 🌐 www.seiryuken.com/

函馆车站旁的巷子内有一家拉面名店，不大的店面总是坐满顾客，店外更总是排满等待的食客，大家为的都是一尝星龙轩的拉面。汤碗里简单地摆上叉烧、笋干、青菜，却最能衬托这碗面的美味，透明高汤喝得到豚骨汤底的甘醇，更有蔬菜熬煮后的香气，搭配上细致的面条与叉烧肉，纯粹的韵味让人难忘。

LEAVES HAKODATE

🚆 JR 函馆站徒步约 10 分钟、市电鱼市场通站徒步约 3 分钟 🏠 函馆市大手町 3-8 ☎ 0138-246361 🕐 11:30—23:00、周日 11:30—21:00，周一休息（遇假日顺延）🌐 leaveshakodate.com

LEAVES HAKODATE 以明治四十五年（1912 年）建造的仓库改造而成，店内的木质内装从地板、壁面到桌椅都由店长一手打造，装潢以女性为客群目标，复古的氛围中随处可见可爱小物，候餐时翻翻店内的绘本及书籍、看看 2 楼贩售的杂货与小物，端坐在木质温馨气息中，品尝自制餐点与甜点，午后时光就这么流泻而过。

凤兰

🚆 市电函馆站前站徒步约 4 分钟 🏠 函馆市松风町 5-13 ☎ 0138-228086 🕐 11:00—21:30，不定休 💰 盐味拉面 550 日元

创建于昭和二十五年（1950 年）的凤兰，是深受函馆居民支持的老餐馆，提供充满怀旧风味的拉面及中华料理。盐味拉面的汤头不加蔬菜，单纯使用豚骨与鸡骨，以 9：1 的比例熬制，清爽不腻口，被当地人评为简单而正统的函馆口味。其他人气料理还有烧卖及炒面，炒面有一般的柔软口感与港式炒面的酥脆口感两种选择，充足的分量也是受欢迎的原因之一。

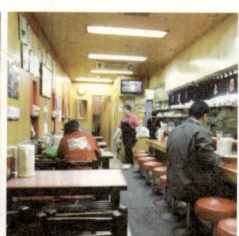

PASTRY SNAFFLE'S

函馆市末广町 13-9（金森洋物馆内） 0138-271240 8:30—19:00（有变更之可能，请依金森洋物馆营业时间为准） 轻奶酪蛋糕 8 个 1296 日元、Chicchiky 软饼干 12 个 1188 日元 www.snaes.jp/

　　洋菓子店 PASTRY SNAFFLE'S 在以红砖仓库而闻名的金森洋物馆设有专柜，自函馆市电十字街站下车，徒步约 5 分钟即达，交通非常便利，这里售有函馆代表性甜点，也就是拥有高知名度的一口奶酪蛋糕——轻奶酪蛋糕，店内可供顾客轻松品尝轻奶酪蛋糕（任选蛋糕一个 200 日元，附迷你咖啡一杯）。轻奶酪蛋糕为舒芙蕾奶酪蛋糕，用叉子切开后，可看见蛋糕内层好似半熟欧姆蛋般柔嫩湿润，采用北海道产严选原料制成的蛋糕松绵滑润、入口即化，商品完全不经冷冻，坚持每天现做，提供给顾客们刚出炉的新鲜美味，共有起司、蒸烤巧克力、枫糖、函馆限定草莓等四种口味供挑选。顾客们先至柜台看样品，挑选喜爱的蛋糕口味后结账，再入内享用，可直接用手拿着蛋糕吃，亦可用厚底纸将其切成方便入口的尺寸，而将底纸折弯，代替汤匙来挖取蛋糕的吃法也是不错的选择。

　　另外，为了方便顾客们外带轻奶酪蛋糕当伴手礼，PASTRY SNAFFLE'S 也特制了保冷袋，可爱的造型大获好评。除了人气的轻奶酪蛋糕之外，Snow Globe 饼干、Langue de Calamar 鱿鱼丝饼干、Langue de Sea 昆布饼干等保存期限长又可常温保存的伴手礼，也是 1000 日元左右便可入手，送给亲朋好友最合适，有多种品项可供挑选。邻旁所设之系列店铺 Gourmands Kanta Westside 店则备有座位供歇脚休憩，可在此边品尝新鲜美味的蛋糕、圣代抑或是三明治、法式咸派等轻食，边饱览展现在窗前的迷人函馆风光。而店内笑脸迎人的店员们都十分亲切，若有任何问题都可随时咨询，相信每个人都能吃得开心、买得畅快！

4.6 如何在函馆购买特惠商品 SHOPPING 指南

函馆西波止场

市电十字街站徒步约 5 分钟　函馆市末广町 24-6　0138-24-8108　9:00—19:00　www.hakodate-factory.com/wharf/

　　位于金森仓库对面的西波止场，以应有尽有的海鲜市场闻名。宽广的一楼有许多大型冷冻柜，摆满了生鲜贝类、螃蟹、鱼虾，以及各种海鲜加工品，函馆的代表名产——乌贼，更是以千奇百种的调味和形式吸引着消费者，除了真空包装的乌贼饭、造型饼干等，竟然还有乌贼口味的牛奶糖。店内一角热腾腾出炉的现烤乌贼丝，很快就被购买一空。此外，西波止场亦贩售各式各样北海道的伴手礼，其中函馆限定的洋果子少说就有十几种，可尽情选购。

和雑貨 いろは

市电十字街站徒步约 5 分钟　函馆市末广町 14-2　0138-27-7600　10:00—19:00，1～4 月的周一休息　iroha-sapporo.jugem.jp

　　函馆元町有着多间拟洋风建筑与和洋折中町屋，いろは也是其中之一。いろは为 1908 年建成的和洋折中住宅，在 1 楼怀旧的和风建筑上，搭配洋风十足的 2 楼外观，甚是独特。店内的商品则以和风生活为主题，从食器、各式、和风杂货、布制品、厨房用品，甚至是绘本，生活小物琳琅满目地陈列整个店内，穿梭其间便情不自禁地沉溺其中。

シングラーズ 乌贼墨染工房

BAY はこだて　0138-27-5555　9:30—19:00　www.ikasumi.jp

　　位于 BAY はこだて里的シングラーズ (singlar's)，专卖乌贼墨染的相关商品。墨汁取自函馆近海捕获的乌贼，经过特殊处理，便成了与印象中的黑色墨汁大不相同的棕褐色染料。シングラーズ以乌贼墨开发了 200 多种原创商品，手袋、书衣、吊饰、明信片等应有尽有，质感细腻，尽显日式的优雅风情。印有昆布、奉行所等函馆特色的手巾，也十分具有纪念价值。

4.7 2天游函馆必去的特惠景区

● 函馆朝市

🏠 函馆市若松町　🚃 JR函馆驿步行2分钟　☎ 0138-227981　🌐 www.hakodate-asaichi.com

函馆朝市是北海道最热闹的集贸市场之一，是所有人拜访函馆时必都会造访的景点。朝市内有200多家大大小小的店铺，400多家水产店，在天色微亮时就充满活力，形成当地一道特色的风景线。

● **金森仓库群**

🏠 函馆市末广町 14-12　🚌 JR 函馆站步行 15 分钟　☎ 0138-230350　🕘 9:30—19:00（依季节而异）　🌐 www.hakodatekanemori.com

　　建筑建于明治与大正时期的金森仓库群，已有超过百年的历史。昔日，这里是商船靠港卸货的地方，随着港运的衰退，现在极富古意的红砖外墙里，是充满现代感的游食空间，但依然很好地保留着昔日海运繁荣期的面貌。四栋主建筑内有餐厅、世界杂货、函馆名产、小型音乐堂等，其中以金森洋物馆占地最广，聚集了超过 20 家的杂货店。

● 函馆山夜景

函馆市元町 19-7　市电十字街步行 10 分钟至山麓缆车站，再搭乘缆车至山顶　0138-233105　10:00—21:50，10 月 16 日至次年 4 月 24 日 10:00—20:50，10 月 16 日至 11 月 6 日休息　缆车成人往返 1160 日元、儿童 590 日元　www.334.co.jp/jpn

函馆夜景与中国香港维多利亚港、意大利那不勒斯的夜景并列为"世界三大夜景"，是来到函馆必游的一个项目。

函馆山位于函馆市西部，标高 334 米，由于得天独厚的地形，函馆市街被两侧的弧形海湾包围，呈现一种极为特殊的扇形。随着天色渐暗，市街盏盏灯火缓缓亮起，如同闪烁的宝石一般，照映着墨蓝的夜空与海洋。若想避开络绎不绝的观光人潮，不妨趁天黑之前先搭乘缆车登上展望台，一边欣赏夕阳，一边静待天黑。展望台也附设有餐厅和咖啡厅，可以选择靠窗的座位，尽情欣赏夜景。

● **哈利斯特斯正教会**

🏠 函馆市元町 3-13　🚇 市电十字街步行 15 分钟，或末广町步行 10 分钟　☎ 0138-237387　🕙 10:00—17:00（周六至 16:00、周日 13:00—16:00），12 月下旬至次年 3 月中旬不定休（周日上午和教会有活动时亦不开放）　💰 200 日元　🌐 www.orthodoxhakodate.jp

　　建筑优雅的哈利斯特斯正教会是东正教的教堂，建于 1859 年，是当年俄罗斯驻函馆领事馆的一部分，也是日本东正教的传教原点。教堂外观以雪白、铜绿两色为基调，拜占庭风格的圆顶和细腻的钟塔上，矗立了 7 座小小的双十字架，庄严肃穆。

　　当地人亲切地称哈利斯特斯正教会为"当当寺"，因为，钟塔明亮柔和的钟声回荡在充满异国风情的港滨巷道间，造就出一幅最独特的"音风景"。

● 旧函馆区公会堂

函馆市元町 11-13　市电末広町步行 7 分钟　0138-221001
9:00—19:00，11 月至次年 3 月 9:00—17:00，12 月 31 日至次年 1 月 3 日休息
成人 300 日元、儿童 150 日元　www.zaidanhakodate.com/koukaido/kou.htm

旧函馆区公会堂建于 1910 年，是元町历史街区最具代表性的建筑，也是函馆的代表性建筑之一。教堂由粉蓝、浅黄为主色配搭而成，左右对称的殖民风格建筑优雅和谐，也十分抢眼。过去，这里作为公共会堂之用，也是两位天皇巡视函馆时的下榻之处。走进宽阔的建筑内部，可以欣赏当年流行的吊灯、天井、贵宾室等，站在 2 楼阳台上，可以瞭望到函馆港的壮丽景色。

● **高龙寺**

🏠 函馆市船见町 21-11　🚌 市电函馆船坞前站步行 13 分钟　☎ 0138-230631

　　始建于宽用十年（1633年）的高龙寺是北海道最古老的寺庙，其原位于龟田地区，明治十二年（1879年）才移迁于此。现在看到的庙建是在数次的火灾、迁移后，于1910年重建的。抵达高龙寺时，首先映入眼帘的就是建筑壮观、雕工细腻的宏伟山门。这座山门由榉木打造，雕刻者都是当代名工，其艺术性也备受推崇。

● 五棱郭公园

🏠 函馆市五棱郭町 44-1　🚃 市电五棱郭公园前步行 15 分钟　☎ 0138-315505　🕐 5:00—19:00，11 月至次年 3 月 5:00—18:00

五棱郭的正式名称是"龟田役所土垒"或"柳野城"，后来因大众广泛称其为五棱郭，渐渐地其正式名称被取代了。1854 年，函馆开港通商，幕府意识到函馆的重要性，于 1857 年开始动工建造五棱郭，并在 1866 年建造完成这座欧式的五角星形城郭，以此作为当时北海道的政治和军事中心，这也成为日本第一个以西洋建筑格式所建造的第一座城堡。1867 年大政奉还后，屡败屡战的旧幕府势力与新选组撤退至北海道，以五棱郭为根据地，在此抵抗支持天皇的新政府军，这场战争即为"箱馆战争"（1868—1869 年）。最后旧幕府军战败，幕末动乱正式结束，五棱郭也因此在日本近代史中占有重要地位。

1914 年起，五棱郭作为公园开放给一般民众使用。这里在春樱盛开时最为迷人，五棱郭塔跟箱馆奉行所也都位于公园邻近，可一并游览。

● 特拉皮斯丁修道院

函馆市上汤川町 346　市电汤之川温泉搭乘出租车前往约 10 分钟　0138-573331　8:10—17:00，冬季 8:20—16:30，周三（冬季为周日）、12 月 30 日至次年 1 月 2 日休息

　　特拉皮斯丁修道院建于 1898 年，由法籍修女所创立，是日本最早的女子修道院。修女们生活的区域并未开放参观，但前庭和小小圣堂的气氛都十分平和宁静，值得体验一番。旁设的建筑有描写修道院生活的资料馆，以及贩售修女们手工制作的玛德莲蛋糕和奶油糖等点心的商铺。

● 大沼・小沼・莼菜沼

🏠 七饭町字大沼町 🚌 JR 大沼公园站徒步 1 分钟 ☎ 0138-673477(自然公园财团大沼支部);0138-672229(大沼游船) ⓒ 游览船 8:20—16:20(7～8月加开 17:00 班次)每 40 分 1 班;钓鱼小船(预约制)4:00—17:00。游览船 4、11～12 月不定期航行, 5～10 月定期航行。详情请参考网站 🚢 游览船巡岛路线(30 分)成人 960 日元、小孩 480 日元;手划船 1 小时,2 人 1 艘 1000 日元;水上脚踏车(30 分)2 人 1 艘 1000 日元;钓鱼小船 1 人 1 艘 2500 日元 🌐 大沼国定公园 www.onumaguide.com、大沼游船 www.onuma-park.com

大沼国定公园是以秀丽的驹之岳为背景,并涵盖大沼、小沼、莼菜沼,为道南唯一的国家公园。大沼、小沼、莼菜沼都是因驹之岳火山爆发所形成的湖沼,其中以大沼湖最大。在湖上共有 126 个岛屿罗列,在岛和岛之间则有 18 座桥相连接,在大沼湖还可以搭乘游览船或从事钓鱼、划独木舟、骑脚踏车环湖等各种户外活动。

● 流山温泉

🏠 七饭町字东大沼 294-1 🚌 JR 流山温泉站徒步 3 分钟;或搭乘大沼附近的 Hotel Crawford in Onuma 接驳车(非住宿者 300 日元),约 15 分钟 ☎ 0138-671726 💴 成人 500 日元,儿童 250 日元 ⓒ 泡汤 11:00—20:00(入场至 19:30),4～10 月周三、11 月至次年 3 月周二一周四休息

流山温泉为日本知名雕刻家流政之所设计,为了和周遭的大自然相融合,所以整体以石头、木头等自然素材为规划重点风吕的天井上以各种树枝搭建而成,墙上装饰着雕刻作品,搭配灯光的营造,感觉就像身处艺术作品之中。至于最值得骄傲的露天风吕,浴槽周围也是以不规则排立的粗木和石头所堆成,并可瞭望驹之岳。

Chapter 6
7天特惠游完美指南

1. DAY1-DAY2 特惠游东京 P234
2. DAY3-DAY5 特惠游京都 P236
3. DAY6 特惠游奈良 P238
4. DAY6-DAY7 特惠游九州 P240

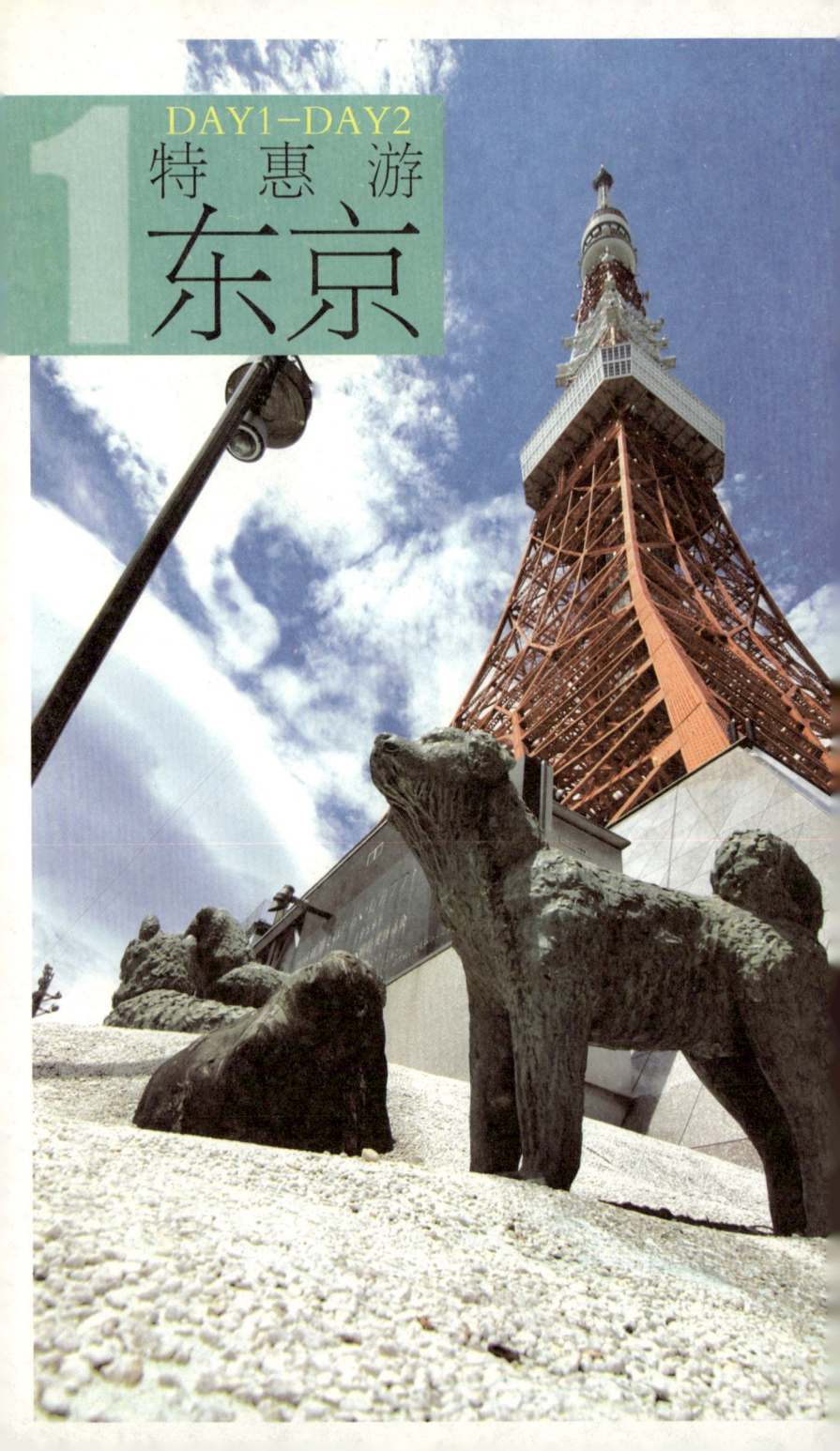

DAY1-DAY2
特 惠 游
东京

DAY1-DAY2 特惠游东京

1.1 从机场如何到达东京市区
详细内容见 P053

1.2 东京区内交通
详细内容见 P060

1.3 东京特惠酒店
详细内容见 P067

1.4 如何在东京挑选当地美食
详细内容见 P068

1.5 如何在东京购买特惠商品 SHOPPING 指南
详细内容见 P078

1.6 2天游东京必去的特惠景区
详细内容见 P082

2 京都
特惠游
DAY3–DAY5

DAY3-DAY5 特惠游京都

2.1 如何特惠从东京到京都
详细内容见 P095

2.2 到达京都的交通方式
详细内容见 P095

2.3 京都区内交通
详细内容见 P098

2.4 京都特惠酒店
详细内容见 P103

2.5 如何在京都挑选当地美食
详细内容见 P106

2.6 如何在京都购买特惠商品 SHOPPING 指南
详细内容见 P108

2.7 3 天游京都必去的特惠景区
详细内容见 P112

3 特惠游 奈良
DAY6

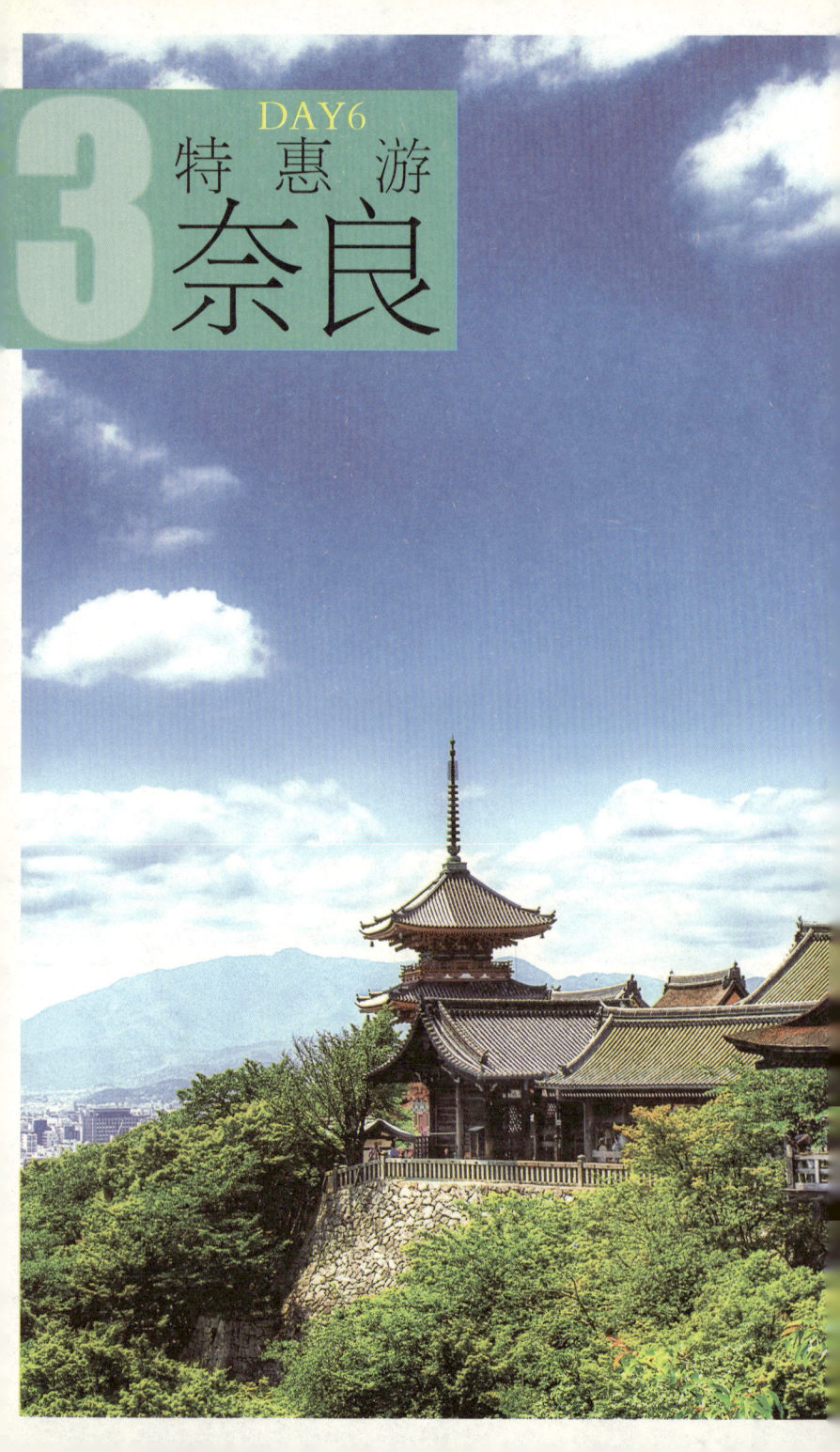

DAY6 特惠游奈良

3.1 如何特惠从京都到奈良
详细内容见 P149

3.2 到达奈良的交通方式
详细内容见 P149

3.3 奈良区内交通
详细内容见 P149

3.4 奈良特惠酒店
详细内容见 P149

3.5 如何在奈良挑选当地美食
详细内容见 P150

3.6 如何在奈良购买特惠商品 SHOPPING 指南
详细内容见 P150

3.7 1天游奈良必去的特惠景区
详细内容见 P151

4 九州

DAY6-DAY7
特 惠 游

4.1 如何特惠从京都到福冈

从京都到福冈可以乘坐新干线 NOZOMI 号，正价 16060 日元，自由座 15120 日元，车程约 3 小时。

4.2 到达福冈的交通方式

九州岛的机场除北部的福冈、南部的鹿儿岛，还有东部的宫崎。在此以福冈机场为主，介绍如何进入市区、九州岛各地。

福冈机场→福冈市区

飞抵福冈机场后，该如何进入福冈市区？最常见的方式就是先从国际线航站楼搭乘免费联络巴士到国内线航站楼，再于第二航站楼 B1 楼转乘地铁。巴士车程约 15 分钟，地铁福冈空港站到博多站约 5 分钟、到天神站约 11 分钟，车费为 260 日元。

● 国内线←→国际线联络巴士

想要研究福冈机场的交通，首先要注意的就是福冈市地铁的福冈空港站设置在国内线航站楼，若是想往来于国内线与国际线航站楼的话，就一定得搭乘这个联络巴士。国际线在 1 楼的 4 号乘车处搭乘，国内线则于第二航站楼 1 楼的 4 号乘车处搭乘。

- 约 5～10 分钟一班，国际线发车 6:16—23:05，国内线发车 6:00—22:52；国内线到国际线航站楼约 10 分钟，国际线到国内线航站楼约 15 分钟。
- 免费
- www.fuk-ab.co.jp/china2/bus3.html（时刻表）

● **国内线航站楼前往福冈市区：地铁**

　　担心从国际线搭乘巴士前往福冈市区会碰上堵车，或是错过了巴士的发车时间，地铁便是最佳的选择。福冈市地铁空港线的福冈空港站设置在国内线第二航站楼的 B1 楼，前往博德站、中洲川端站及天神站都不需要换车。

◎ 到博德站 5 分钟，到中洲川端站 9 分钟，到天神站 11 分钟。

¥ 到以上三站都为 260 日元（儿童 130 日元）

! 若想前往箱崎在线的车站，需在中洲川端站换车；想前往七隈线的车站，则在天神站、天神南站换车（此时会先出站再进站，但不需要重买车票）。

● **国内线航站楼前往福冈市区：巴士**

　　除了地铁，也可选择搭乘巴士前往福冈市区，车费相同，但乘车时间会比地铁长。若是想直接前往博德湾区参观福冈塔、雅虎巨蛋等景点，搭乘巴士是不错的选择。

市内巴士 39 号线

🏠 第二航站楼 1 楼的 1 号乘车处

◎ 1 小时 1～3 班，到博德站 20 分钟、到雅虎巨蛋前约 40 分钟、到福冈塔南口约 45 分钟。

¥ 到博德站 260 日元、到雅虎巨蛋前以及福冈塔南口都为 430 日元

急行巴士

🏠 第三航站楼 1 楼的 1 号乘车处

◎ 6:33—19:50 1 小时 1 班，到博德站 15 分钟。

¥ 到博德站 260 日元

● **国际线航站楼前往福冈市区：巴士**

　　国际线航站楼至 1 楼乘车（若从市区搭巴士至国际线航站楼，下车处在 3 楼），博德巴士总站则在 11 号乘车处搭乘，下车时投币付费即可，不需先买乘车券。

◎ 国际线航站楼发车 1 天 14 班，博德站筑紫口发车 1 天 11 班。国际线航站楼到博德站筑紫口 15 分钟、到博德巴士总站 30 分钟，博德站筑紫口到国际线航站楼 30 分钟、博德巴士总站到国际线航站楼 15 分钟。

¥ 搭 1 次 260 日元、儿童 130 日元

🌐 www.nishitetsu.co.jp/bus/jyousha/airport/

> **小贴士**
>
> 　　班次不多，需注意发车时间。另外，虽然巴士是配合班机时间发车，但若碰上入关时人潮众多，以致排队时间过久，就可能错过搭车时间，此时就建议直接前往国内线搭乘地铁。

●国际线航站楼前往福冈市区：出租车

若是即将赶不上预约的 JR 班次，这时出租车就是你的好朋友，出租车乘车处同样位在国际线的 1 楼，国内线第一、二、三航站楼 1 楼也都可搭乘出租车。

🕒 到博德站约 15 分钟
💴 到博德站约 1530 日元
🌐 www.taxi-fukcty.or.jp（可查询价格）

福冈机场→九州岛各地

位于北九州的福冈机场，只要搭车进入福冈市区，接下来要到九州岛各地都不是问题，即使是想前往九州岛最南端的鹿儿岛，搭新干线也只需约 1 个半小时便可到达，非常便捷。

●搭乘巴士

国内线第二航站楼、第三航站楼 1 楼，以及国际线 1 楼皆可搭乘巴士前往九州岛各地。

航站楼	乘车处	目的地	交通方式	乘车时间	价格	预约
国内线第二航站楼	2 号（※行经国内线第三航站楼的 1 号乘车处）	佐贺站·巴士中心（※行经国际线 4 号乘车处）	西铁巴士	约 1 小时 15 分钟／1 天约 22 班	1230 日元	不用
		由布院站前（※可至别府站附近的别府北浜）	ゆふいん号（由布院号）／日田巴士、龟之井巴士	约 1 小时 45 分钟／1 天 11 班	2880 日元	需要
		伊万里站	いまり号（伊万里号）／昭和巴士	约 2 小时 22 分钟／平日 1 天 5 班	2000 日元	不用
	3 号（※行经国内线第三航站楼的 2 号乘车处）	黑川温泉（※行经国际线 3 号乘车处）	九州岛产交巴士、日田巴士	约 2 小时 20 分钟／1 天 2 班，9:41 及 14:31 发车	3000 日元	需要
		熊本交通中心	ひのくに号（火之国号）／西铁巴士、九州岛产交巴士	约 2 小时 25 分钟／1 天 20 班	2060 日元	不用
国际线航站楼	2 号	长崎县营总站	九州岛急行巴士	约 2 小时 20 分钟／1 天 15 班	2570 日元	需要
		佐世保	させぼ号（佐世保号）／西铁高速巴士	约 1 小时 40 分钟／1 天 20 班，大于 22 分发车	2260 日元	需要
		别府（北浜）	とよのくに号（丰国号）／西铁巴士	约 2 小时／1 天 14 班，大多于 12 分发车	3190 日元	需要
		豪斯登堡（ハウステンボス）	西铁巴士	约 1 小时 35 分钟／1 天 3 班，8:22、9:37 及 11:12 发车	2260 日元	需要

4.3 福冈区内交通

● 地铁
福冈市地铁的正式名称为"福冈市高速铁道",由空港线、箱崎线与七隈线所构成,在侄浜站—天神站之间的车站乘车时,要注意开往贝冢与开往福冈机场的列车会停靠在同一个站台。
- 5:30 至次日 0:25,4～8 分钟一班车
- 092-7347800
- subway.city.fukuoka.lg.jp

空港线
区间: 侄浜站—福冈空港站
记号: K
代表色: 橘色
重要车站: 侄浜、西新、天神、中洲川端、博德、福冈空港

福冈市地铁空港线是日本唯一一条直接驶入机场的地铁路线,加上行经福冈市侄浜、西新、天神、中洲、博德等都心地带,而且在博德站可转乘 JR 九州岛新干线、鹿儿岛本线,在侄浜站还可转乘 JR 筑肥线,可以说是福冈市地铁中最重要的一条线路。

箱崎线
区间: 中洲川端—贝冢
记号: H
代表色: 蓝色
重要车站: 中洲川端、贝冢

箱崎线约 7～8 分钟才有一班车,约 15 分钟间隔就会有一班车开往空港线的侄浜·西新·天神方向,午间只开到西新站,早晚则会行驶至侄浜站。

七隈线
区间: 桥本—天神南
记号: N
代表色: 绿色
重要车站: 药院、天神南

"七隈线"这个名称是由民众票选而来,当时原为第三名,但因"七隈"是从镰仓时代一直使用至今的地名,拥有悠久的历史,因此最后才脱颖而出成为现在的线路名称。若要在七隈线与空港线、箱崎之间转车时,在天神站要先出转乘专用的剪票口,取回车票后再经由天神地下街前往空港线的天神站。

● 西日本铁道
西日本铁道又简称为"西铁",是以福冈为基地,向整个福冈县延伸的私铁公司,其不只营运铁道,也是福冈的主要巴士营运者。西铁共有天神大牟田线、贝冢线、太宰府线与甘木线 4 条路线。其中天神大牟田线为西铁系统的主线,是连结福冈县南北向的重要动脉。要搭乘西铁前往太宰府天满宫时,通常都会从天神大牟田线的西铁二日市站转乘太宰府线。
- 0570-001010
- www.nishitetsu.co.jp

● 巴士
福冈市内交通大多以巴士为主。博德站前的巴士搭乘处可分为站前广场、JR 博德站正对面的银行大楼前及博德巴士总站 (福冈バスーミナル)。在福

冈市内游玩时，推荐可以利用下列巴士。
双层敞篷观光巴士 FUKUOKA OPEN TOP BUS
　　由西日本铁道株式会社经营的福冈露天巴士，车体采双层无车棚设计，36席无下层座位，拥有 3 条行经福冈市中心的主题路线，如果初访福冈，福冈露天巴士绝对是你的第一站，如果你已经来过许多次，福冈露天巴士更是你重新发现福冈的最佳机会，短短的 60 ~ 100 分钟，透过精心规划的路线与导览员诙谐而又深入浅出的解说，不但可以对福冈市有最全观性的认识，旅途中更充满趣味性与五感体验。
☎ 092-7344434
💰 1540 日元、小学生以下 770 日元，未满 4 岁的孩童无法搭乘。购买任一路线的露天巴士票券，可于同日凭券不限次数免费搭乘同一路线露天巴士，及区间内西铁一般路线巴士，详细区间范围请查询官方网站。
🌐 fukuokaopentopbus.jp

> **小贴士**
> 　　从乘车日前一天至一个月内接受电话预约，乘车售票处取票。当日票券请最晚于预定发车时间 20 分钟前于福冈市役所内一楼售票处购买。中途搭乘无法预约，请于上车后购入票券。由于行车安全的缘故全车采固定席位，故有无法中途搭乘的可能。雨天运行状况请洽西铁客服中心日本国内免付费电话 0570-001010。

福冈都心 100 円巴士
　　在博德站、藏本、天神与药院站前间的福冈都心区域，无论搭哪个巴士一次都只要 100 日元 (小孩 50 日元)，停靠站包含博德站、博德 Riverain、TENJIN CORE、博德巴士总站、天神大丸、博德运河城等处，非常方便。
🌐 www.nishitetsu.jp/bus/rosen/100.html

● 其他交通工具
那珂川水上巴士
　　在美丽的那珂川上来场小船之旅吧！那珂川水上巴士共有 3 条路线，分别为那珂川・博德湾周游、天神—能古岛、中洲 cruise 路线，其中中洲 cruise 路线可在船上边享用餐点边欣赏沿途景致，而最值得推荐的则是夜景观赏路线的珂川周游及那珂川博德湾周游，夜间两岸点上灯光与映照于河面上的光影相映成趣，在灯光璀璨中享受游船时光。
🏠 天神中央公园乘船处 (福冈であい桥)
🕐 天神—博德湾区、那珂川周游每日 6 班，约 20 分钟；那珂川・博德湾周游周四至周六各 4 班，约 50 分钟；天神—能古岛周六日及例假日各 3 班，约 30 分钟。
💰 那珂川・博德湾周游 2000 日元；天神—能古岛单程 1300 日元。
🌐 yokanavi.com/jp/waterbus/

三轮出租车
　　这个外型十分奇特的 VELOTAXI 起源于德国，是个进阶版、现代化的人力车，需事先以电话或网络预约，每辆车限员两位，由驾驶员带着你到处游览福冈市街，沿途还会一路解说导览，还可欣赏到大濠公园及美丽海景，看到喜欢的景点也可以请驾驶中途停车，是个十分自由悠闲的交通方式。
🏠 福冈市中央区渡边通 4-4(院站北侧脚踏车停车场)
☎ 070-65951700、090-89160128
🕐 10:00 至天黑，休日：无定休日，但遇大雨天或大型活动可能会停驶。
💰 依路线而异，10 分圈内 (如博站站到博德运河城) 一人 300 日元、两人 400 日元。
🌐 velotaxi-fuk.com

观光出租车

没时间规划路线,或是想要有人带着你前往各大福冈景点的话,那么观光出租车是不错的选择,网站内有许多路线可供选择,短短的时间内就可以参观众多观光胜地,但缺点就是价格较为昂贵。
☎ 092-4345100
🌐 www.taxi-fukcty.or.jp

● 各式车票

除了直接买票之外,有以下几种票券可以选择。

FUKUOKA 1DAY PASS

持有西铁·巴士共通 1 日乘车券"FUKUOKA 1DAY PASS"的旅客,当天可无限搭乘西铁与西铁巴士,要到柳川游览,或是要四处购物、买纪念品的人推荐可以使用这张票券。

价格

成人 2060 日元、小孩 1030 日元

使用范围

西铁、西铁巴士

哪里买

博德站旅游询问处、天神巴士中心、博德巴士总站、福冈(天神)站等处

FUKUOKA TOURIST CITY PASS

由西铁贩卖的 FUKUOKA TOURIST CITY PASS,为外国旅客专用的票券,可以搭乘西铁巴士、西铁电车、昭和巴士、JR 九州岛及地铁等 5 种交通工具,十分便利实惠。搭车时只要向站务人员或巴士服务人员出示票券即可。另外,此票券还可享多处景点的入场优惠,其中福冈亚洲美术馆、福冈市博物馆等 4 处还可免费入馆。

价格

福冈市内(西铁电车除外)大人 820 日元、小孩 410 日元,福冈市内 + 太宰府大人 1340 日元、小孩 670 日元。

使用范围

西铁巴士:福冈都心 free are、绿林巴士,西铁电车:福冈(天神)站~太宰府站,昭和巴士:伃浜站南口~玛丽诺亚城·JR 九州岛:竹下站~香椎站(鹿儿岛本县)、香椎站~海ノ中道站(香椎线),及地铁全线。

哪里买

博德站旅游询问处、天神巴士中心、博德巴士总站、地铁客服中心(定期券贩卖处天神、博德)等处

福冈都心 1 日 Free 乘车券

用这张票券就可以无限制搭乘福冈都心 free area 区域内的所有巴士,在票券上刮出当天使用日期,上车时还是记得要拿整理券(号码牌),下车时将整理券投入零钱箱,再向乘车服务员出示乘车券后即可。

价格

成人 620 日元、小孩 310 日元、Pair(ペア券,2 位大人或 1 大 2 小)1030 日元、Family(ファミリー券,3 位大人或 2 大 2 小、或 1 大 3 小)1440 日元,周六日及节假日成人 510 日元。

使用范围

天神、福冈站、博德运河城、大濠公园等处,详细区间请见网站。

哪里买

行驶于福冈都心的路线巴士(有卖完的可能性)、福冈地区的巴士营业所、博德巴士总站、天神巴士中心等处。
🌐 www.nishitetsu.jp/zh_cn/ticket/

4.4 福冈特惠酒店

● 福冈天神我的住宿酒店
Chuo-ku Tenjin 3-5-7
92-6871100
9000 日元

酒店位于市中心区域，客房陈设优雅，铺设了木质地板，配有平面电视、空气净化器、冰箱和电烧水壶。

● 福冈博多酒店
Hakataeki Chuogai 4-23
92-4361129
6500 日元

客房配有电视、冰箱、绿茶包和电热水壶，以及带洗浴用品的浴室。周围有很多商店和吃的店可以逛。

● 博多祇园多米旅馆
Hakata Reisen-cho 1-12
92-2715489
11000 日元

酒店设施完备，设有公共温泉浴室、一间桑拿浴室和一家餐厅。提供自助早餐，包括多种选择的日本料理和一些西餐，在晚间提供免费的面。

● JR 九州花博中心酒店
Hakata-ku Hakata-ekimae 2-2-11
92-4778739
15000 日元

离博多地铁站非常近，隔壁就是地铁入口，酒店旁边的 SUNPLAZA 楼下二层就有非常有名的一兰拉面。

4.5 如何在福冈挑选当地美食

华味岛

地铁中洲川端站 2 号出口，步行 5 分钟　福冈市博德区中洲 5-4-24　www.hakatahanamidori.co.jp

著名的博德水炊料理，指的就是鸡肉火锅。华味岛是博德著名的水炊餐厅，其提供的鸡肉都是自家养殖，质量有保障没话说。这充满胶质的鸡高汤被女性视为美容圣品，在品尝时也有特定的方式。先品尝鸡汤的美味，接着吃肉、鸡肉丸子、蔬菜等，最后在残留的汤中放入米饭，再打个蛋，用美味的卵杂炊作结尾。

司

地铁中洲川端站步行约 10 分钟　福冈市博德区中洲，那珂川沿岸邻近春吉桥

走在成排的屋台街(美食街)上，马上就会被司在屋台内外忙进忙出的女将吸引目光。而"司"的料理，首推辛明太子天妇罗了。被酥脆炸衣裹住的明太子，炸得半熟，趁热一口塞进嘴里，那在口中爆开的鲜味久久令人难以忘怀。而串烧的材新鲜，简单的火烤就能吃到食材原味，大受好评。

一兰

🚉 JR 博德站行步约 10 分钟；地铁祇园站步行 7 分钟　🏠 福冈市博德区住吉 1-2-22，博德运河城 B1F　🌐 www.ichiran.co.jp

一兰的汤头以连续熬煮数天的猪骨汤为基底，加入包含辣椒在内的 30 多种材料，成为秘传的高汤，略带辣味的红汤头成了最大特色。面细且有嚼劲，据说这可是依据每天气温和湿度而由不同比例调配而成。为了传达拉面的纯粹美味，填妥拉面喜好单，从浓醇口味、配料到汤头调味、面条硬度等都可以选择。

农家れすとらん田子山

🚉 JR 内牧站搭出租车约 10 分钟　🏠 熊本县阿苏市三久保 285　🌐 www.tangoyama.jp

田子山为"あか牛(赤牛)"的专门店，从赤牛的繁殖、培育、到食材制作的过程完全由自家一手包办，连蔬菜、米饭(阿苏越光米)、渍物也是自家栽种制作，食材的新鲜与安全尽可放心。主菜的赤牛风味尤其肥美，烧烤得滋滋作响的嫩肉，蘸点桌边摆放的调味料，无论是提升鲜甜度的盐、胡椒，或是去油解腻的醋，每种口味都一样美味。

城见橹

🚉 熊本市电"熊本城市役所前"站步行约 3 分钟、"熊本城前"站步行约 5 分钟　🏠 分熊本县熊本市中央区花畑町 1-10　🌐 www.shiromiyagura.com

城见橹就位于熊本城脚，从 2 楼的窗户向外一望，就可以见到熊本城的美景。而这里提供熊本的乡土料理——马肉料理，是熊本的知名美味，为了让人能够享受最单纯的原味，这里坚持采用当地饲养的优良品种，而最高级的肉是使用从一匹 400～500 千克的马肉中只能取出 7～8 千克的顶级肉品——三枚腹，上头油花网络匀称分布，一入口就可以感受到鲜美的油脂在喉中散发。

4.6 如何在福冈购买特惠商品 SHOPPING 指南

博德河岸城
福冈市博德区下川端町 3-1　10:00—20:00、餐厅 11:00—23:00　www.riverain.co.jp

博德河岸城是典型的复合体建筑，集结商场、饭店、餐厅、剧院、美术馆等，河岸城的地下就是地铁车站，交通便利。5F 有座挑高的玻璃屋空中花园 (Atrium Garden)，自然采光的空间内，铺有绿油油的人工草坪；草坪的一端是小小山丘，植有绿树；另一端则是原木台阶与楼梯，有活动时台阶就变成了最耀眼的舞台。

博德运河城
福冈市博德区住吉　10:00—21:00、餐厅 11:00—23:00　www.canalcity.co.jp

博德运河城是个极具未来感的综合商场，包括五星级饭店、办公大楼、综合型娱乐商场及流行卖场，其中 OPA 是整个运河城最亮眼的建筑，为配合运河的弯度及常常举行表演活动的"太阳广场"，红蓝砖立面的主体呈半圆凹状（挖空），且顶部面积大于底部，使采光清亮；每天广场前的律动音乐性运河喷水更是精彩。

JR 博德城
福冈市博德区博德站中央街 1-1　商店 10:00—21:00、餐厅 11:00 至次日 1:00　www.jrhakatacity.com/chinese_fan

JR 博德城位于 JR 博德站大楼中，拥有近 230 间店铺的 AMU PLAZA 博德、首次登陆九州岛的阪急百货、集结全国 46 家名店美味的新城市餐厅空天、贩卖近 10 万件商品的东急手创，让 JR 博德城成为福冈的新兴逛街好去处，再加上话题性的つばめ小火车与日本唯一的铁道神社，只要登上屋顶就能看得到，是全家休憩的新园地。

🛒 海鹰城购物中心 Hawks Town mall

🚇 地铁唐人町站 3 号出口步行约 15 分钟 🏠 福冈市中央区地行浜 2-2-1 🕐 购物 11:00—21:00（周六日节假日、日本新年、暑假 10:00—21:00），餐厅 11:00—22:00，依设施、店家而异 🌐 www.hawkstown.com/mall

位于雅虎巨蛋正前方的购物城，整体呈现强烈的美式风格，2～3F 开放式的设计，仿佛美国大城市郊区的购物中心，甚至连购物城中的商店，也以美国品牌独占，其中最引人注目的莫过于电影院、天然温泉、以及各种风味美食等，有国际连锁的 Hard Rock Cafe 分店、超值划算的吃到饱餐厅，都是热情职棒球迷的最爱。

🛒 みやげもん市场

🏠 博德 DEITOS 1F 🕐 8:00—21:00 🌐 www.jrhakatacity.com

博德土产大集合！位于博德 DEITOS.1F 的みやげもん市场是购买伴手礼的最佳去处，广阔空间内贩卖的福冈商品目不暇接，从博德名物明太子、博德铭果、一风堂等知名拉面外，带包、各式酒类商品、可爱吉祥物 KUMAMON 的系列商品、九州岛限定的饼干点心等，无论男女老少，全都能买得痛快、逛得尽兴。

🛒 博德阪急

🏠 福冈市博德区博德站中央街 1-1 🕐 B1～4F 10:00—21:00、5～8F 10:00—20:00 🌐 www.hankyu-dept.co.jp/hakata

首次进驻九州岛的阪急百货，确实对九州岛的时尚流行掀起一股新的风潮。在日本首次登场的品牌像是 4F 的 ELLE 咖啡等共有 11 家，而在九州岛初登场的品牌则更是多达 83 家。不同于一般阪急百货给人的贵妇印象，博德阪急则主攻年轻女性的高质感市场，在进驻品牌的选择上也不同以往。另外，B1F 的食品区也集结了九州岛当地与全日本的各家名店，好逛又好买。

4.7 2天游九州必去的特惠景区

● 福冈

🚉 JR博德站、西铁天神站等都是繁华中心　🌐 yokanavi.com

来到九州岛游玩，大多数人都会选择福冈为出入口站。福冈市区的街道宽敞优美、购物区集中，不只娱乐设施新颖舒适，还有鼎鼎大名的博多拉面与屋台，兼容并蓄的福冈可是多次被选为亚洲最佳城市呢。其实福冈本身就是临海的港都，滨海的开阔地区吸引许多复合性商城进驻，从购物、美食到娱乐，通通都可以得到满足，当然还有迷人海洋景观，让人流连忘返。

● 太宰府

🚉 西铁太宰府线太宰府站出站即达　🌐 www.dazaifu.org

太宰府从7世纪起就拥有九州岛政治中心的重要地位，而现在游客们来到太宰府，首要就是参拜供奉着学问之神的太宰府天满宫，摸摸天满宫前神牛的头，以求学业进步。不只如此，2005年九州岛国立博物馆开幕，让这里更是成为人气不落的观光名所。

● 柳川

西铁天神大牟田线柳川站，出站后可步行至屋乘船处　www.yanagawa-net.com

　　柳川位于福冈县的西南隅，有"日本水乡"之称，柳川的水道主要由灌溉沟渠与柳川城护城河所组成，柳川的绝佳魅力就在于搭乘悠游在水道上的小船，听着船夫吟诵歌谣，看着名人史迹，感受人与自然交会的和谐氛围。另外这里的蒸笼鳗鱼饭十分特别，值得特地前来品尝。

● 门司港

JR鹿儿岛本线门司港站，出站即可行步游玩门司港各大景点　www.retro-mojiko.jp

　　北九州的门司港隔着关门海峡与本州岛下关市对望，早在明治时代就被订为国际贸易港，处处散发着怀古幽情。港边多是明治时期遗留下来的船商会社、俱乐部等各式欧式建筑和仓库，以JR门司港站为起点，可以将会社及俱乐部建筑连成一线，1995年被正式规划为"门司港怀旧区"，沿着港边带领游客进入海港的风华岁月。

● **嬉野温泉**

🚊 JR 武雄温泉站南口搭乘 JR 九州岛巴士，约 30 分钟即达　🌐 kankou.spa-u.net

相当受到女性喜欢的嬉野温泉为三大美肌之汤，传说神功皇后战争归来时经过，看到疲累的白鹤将翅膀浸浴在温泉中，突然变得活力十足，因此叫受伤的士兵进入泡汤，士兵的伤势因而受到治疗，相当高兴的皇后便说"真是高兴（うれしの）"，温泉也因此得名。

● **别府地狱巡礼**

🚊 JR 别府站搭乘开往龟川的各路巴士可达　🌐 www.beppu-jigoku.com

号称"一旦亲眼目睹，就算死也忘不了"，位于别府的地狱系列，据说已有千年历史，此区位居火山地带，地面常常动不动就喷出摄氏百度的蒸气、热水，和滚烫的泥巴，在江户时代，因受佛教影响，遂将这个地区冠上"地狱"之名，七八十年前成为著名的观光景点。

● 汤布院温泉

从博德站搭乘 JR 特急由布院之森、JR 特急由布，约 2 小时 10 分钟即达由布院站
www.yufuin.gr.jp

1955 年"由布院町"和"汤平村"合并称为"汤布院"，位居有着"丰后富士"之称的由布岳山脚下，以优越位置和丰沛泉量的温泉，成为观光地。在日式风味浓厚的街道上，乘上摇摇晃晃的观光马车、复古的观光出租车或是人力车，来趟温泉乡漫游巡礼是十分享受的。经过佛山寺、宇奈岐日女神社再回到汤布院，也可以租辆脚踏车，乘着风慢骑于汤布院街道，享受骑乘的乐趣。

● 熊本城

熊本市电"熊本城・市役所前"站下车徒步约 10 分钟，若要走到城门口的售票处，则约需 15 分钟　熊本县熊本市本丸 1-1　www.manyou-kumamoto.jp/castle/

熊本城与大阪城、姬路城合称为日本三大名城，以长达 242 米的巨大石基砌成的城墙所围绕，为日本现存最长的城墙。由于城内种有许多银杏树，因此又有"银杏城"的称号。目前所见之熊本城的天守阁是于昭和三十五年 (1960 年) 重建，顶楼设有展望室，可将整个熊本市区尽收眼底，并可远眺阿苏火山。

● 樱岛

🚇 从鹿儿岛中央站转乘市电至"水族馆口"站下车步行3分钟,即可抵达前往樱岛的渡轮码头,樱岛渡轮24小时都有船班,搭乘渡轮约15分就可抵达桜岛港 🌐 www.sakurajima.gr.jp/svc/

最具鹿儿岛代表性的景观就是樱岛。位于锦江湾中的樱岛其实是座活火山,至今还会不定期喷发,所幸喷发的状况大多不严重,现在能看到樱岛喷烟的才算幸运呢!搭乘渡轮从鹿儿岛市区的鹿儿岛本港只要15分钟,所以来到鹿儿岛的观光客,除了从市区眺望樱岛的美丽绝景,更会顺道前来看看这拥有独特景观的区域。

● 阿苏

🚇 由JR熊本站搭乘JR豊肥本线至肥后大津站,再转乘开往宫地的列车在立野站、赤水站或阿苏站下车,即可转乘巴士至各个景点 🌐 www.asocity-kanko.jp

阿苏,可说是火山的故乡,也是熊本的旅游胜地。火山不但带来丰沛的温泉,也是形成高原地形的主因。而一连5个火山口的特殊景致——阿苏五岳,更是全世界最大的火山口地形,雄阔的火山、草原,与处处可见的温泉胜地,自然风光让人心旷神怡。

● 高千穂

🚇 从九州岛的主要城市福冈、熊本可搭乘高速巴士前往,于高千穂巴士中心下车。也可以选择先搭乘到最近的JR车站"延冈站",再搭巴士前往 🌐 takachiho-kanko.info

南国风浓厚的宫崎县内也有清新壮丽的溪谷绝景。无论是绿意满满的夏季或是红叶遍谷的秋天,一年四季都颇适合欣赏高千穂峡的鬼斧神工,由高处看着近百米高的真名井滝(瀑布)一泄而下,溪谷水流平稳时,在真名井滝附近还可以租借小船徜徉在溪谷之间,近距离享受大自然的魄力。沿着步道再走下去,可以到高千穂神社,体会古老的日本神话传说。